KB057777

성공과 행복한 삶을 위한
작고 수상한 책

황선영 옮김

로버트 헹 지음

성공과 행복한 삶을 위한
작고 수상한 책

시그마북스
Sigma Books

성공과 행복한 삶을 위한
작고 수상한 책

발행일 2017년 8월 1일 초판 1쇄 발행

지은이 로버트 헹

옮긴이 황선영

발행인 강학경

발행처 시그마북스

마케팅 정제용, 한이슬

에디터 권경자, 장민정, 신미순, 최윤정, 강지은

디자인 최희민, 최동연

등록번호 제10 - 965호

주소 서울특별시 영등포구 양평로 22길 21 선유도코오롱디지털타워 A404호

전자우편 sigma@spress.co.kr

홈페이지 http://www.sigmabooks.co.kr

전화 (02) 2062-5288~9

팩시밀리 (02) 323-4197

ISBN 978-89-8445-890-1(03190)

Think & Grow Wealthy : The Hidden Psychology to Prosperity & Abundance

By Robert Heng

Copyright © 2015 Robert Heng

All rights reserved.

Korean language edition published by SIGMA PRESS, INC., Copyright © 2017

Sigma Books is a division of Sigma Press, Inc.

이 도서의 국립중앙도서관 출판예정도서목록(CIP)은 서지정보유통지원시스템 홈페이지(http://seoji.nl.go.kr)와 국가자료공동목록시스템(http://www.nl.go.kr/kolisnet)에서 이용하실 수 있습니다.

(CIP제어번호: CIP2017016048)

＊시그마북스는 ㈜시그마프레스의 자매회사로 일반 단행본 전문 출판사입니다.

큰 성공은 작은 성공을 거듭한 결과다.

- 크리스토퍼 몰리 -

차례

· **헌정사** : 8

· **서론** : 12

· **서문** : 16

제1장 당신의 사고방식 : 34

· 사용 설명서는 훈련이 아니다 : 36

· 실패는 없다 오직 피드백만 있을 뿐! : 42

· 당신은 내 말을 조금도 듣지 않았다 : 48

· 효과가 없다면 그만두고 다른 일을 해라 : 53

· 당신은 선택을 감당할 줄 모른다! : 56

· 유연성이 뛰어난 사람이 시스템을 통제한다 : 57

· 당신은 충분히 노력하지 않았다 : 59

CONTENTS

- 당신은 소통할 줄 모른다 : 60

- 마음, 신체, 정신은 분리할 수 없다 : 62

제2장 희망과 해결책 : 64

제3장 동기 부여 : 82

제4장 당신의 변화 : 100

제5장 투자와 부의 창출 : 110

제6장 부와 번영, 그리고 성취 : 140

헌정사

이 책을 어여쁜 두 딸 브리타니와 가브리엘라, 그리고 아름다운 아내 조디에게 바친다. 가족은 필자의 자랑이자 기쁨이다. 가족 덕택에 다른 사람들이 인생에서 진정한 의미의 부, 번영, 풍요, 성취를 찾는 일을 돕는 이 책을 끝마칠 힘을 얻기도 했다. 필자가 인생에서 그런 소중한 것들을 찾을 수 있도록 가족 모두가 도와준 것처럼 말이다.

이 책을 처음 쓰기 시작했을 때는 어떤 어려움에 맞닥뜨릴지 알지 못했다. 그런 어려움이 의도했던 것과 달리 필자의 인생, 계획, 꿈을 드라마틱하게 바꿔놓을 것이라는 사실도 알지 못했다.

결국 가족의 성원과 다른 사람들을 위해 실질적인 가치가 있는 무엇인가를 만들려는 강한 열망 덕택에 앞으로 계속 나아갈 수 있었다. 상황이 예상과 다른 방향으로 어렵게 전개되기도 했다. 이는 매일 주어진 하루를 마지막 날인 것처럼 살아야 한다

성공과 행복한 삶을 위한 작고 수상한 책

는 생각을 다시금 일깨워주기도 했다. 언젠가는 그날이 실제로 당신의 마지막 날이 될 것이다!

이 자리를 빌려 임파워먼트 파트너쉽의 매튜 제임스 박사에게 감사의 말씀을 전한다. 그의 가르침은 신경언어학 프로그래밍 NLP 분야에 대한 필자의 열정을 키우고 이해의 폭을 넓혀 주었다. NLP는 사람들에게 힘을 불어넣어 주는 놀라운 학문으로서, 자신에 대한 더 깊은 이해를 통해 자신이나 다른 사람들과의 의사소통이 더 원활해지도록 돕는다.

NLP의 연구와 실천, 그리고 제임스 박사의 가르침 덕택에 인생을 어떻게 살지 결정하는 일은 항상 개인적인 선택이라는 사실을 이해할 수 있었다. 그런 선택을 하는 데 필요한 용기도 얻었다.

다른 사람들이 숨은 잠재력을 발견할 수 있도록 돕기 위해 자신을 더 깊이, 더 분명하게 이해하는 것만큼 기분 좋고 보람 있는 일도 드물 것이다. 이 책을 다 읽고 나서 당신 역시 자신을 위해서, 그러고 나서는 다른 사람들을 위해서 숨은 열정을 발견하길 바란다.

필자가 진정으로 열망하는 것은 당신이 인생을 최대한 의미 있게 사는 방법을 배우는 것이다. 또한 일을 해야 하기 때문이 아니라, 스스로 원해서 일을 할 수 있는 용기와 지혜도 배우길 바란다. 인생을 즐기고, 주변 사람들 역시 그럴 수 있도록 도와라.

자발적으로 선행을 실천하고, 남에게 베푸는 일의 의미를 절대로 잊지 마라. 돈, 시간, 서비스 중 무엇을 베풀든 마찬가지다. 자신이 갖고 있는 것에 감사하고, 내일 어떤 일이 벌어질지 모르는 만큼 현재에 충실해라.

당신은 세상을 더 나은 곳으로 만들 수 있다. 그리고 그것은 당신과 당신의 세상에서 출발해야 한다. 부를 위한 사고, 부를 위한 성장을 이룩할 수 있도록 당신의 인생에 변화를 주는 방법을 열심히 이해하고, 받아들이고, 실천해라.

성공과 행복한 삶을 위한 작고 수상한 책

매일 주어진 하루를
마지막 날인 것처럼 살아라.
**언젠가는 그날이 실제로
당신의 마지막 날이 될 것이다.**

서론

당신은 '부'를 원한다. 어쩌면 당신이 이미 '부유하다'고 생각할지도 모른다. 하지만 무엇인가가 당신의 인생에서 제대로 돌아가지 않는다. 단순히 돈에 관한 문제가 아니다. 사실 문제가 항상 돈에 관한 것만은 아니었다. 당신은 도움이 절실하게 필요해 여기저기에 도움을 청하지만, 결국 가장 먼저 당연히 도움을 요청해야만 하는 사람을 빠뜨리고 만다. 다시 말해, 당신은 당연히 도움을 요청해야 하는 자기 자신에게 도움을 요청하고 받는 방법을 배우지 못했다.

오늘날에는 직장 생활과 사생활의 균형을 맞추기가 그 어느 때보다도 어렵다. 남을 앞서려고 필사적으로 노력하다 보면 돈보다 더 의미 있는 인생의 중요한 일을 잊어버리거나 놓치고 만다.

필자는 이 책에서 당신이 그런 중요한 일을 왜 놓치는지, 또 그것이 진정한 부의 관점에서 왜 중요한지 보여주려고 한다. 이

성공과 행복한 삶을 위한 작고 수상한 책

책에 담긴 내용을 배우고 실천에 옮기면 자신이 한 행동의 노예가 아닌 주인이 될 수 있다. 이 책을 통해 번영과 풍요를 달성하는 데 필요한 심리적인 비법을 배울 수 있을 것이다.

이 책은 순자산이나 통장 잔고보다 인생을 통해 더 많은 것을 얻고 싶어 하는 독자를 위한 책이다. 또한 일을 습관적으로 미루고 자신뿐만 아니라 가장 아끼는 사람들에게도 전념하지 못하는 사람들을 위한 것이다.

다른 사람을 어떤 식으로든 돕는 데 평생을 바친 사람으로서 필자는, 당신의 손을 잡고 자아를 발견하고자 하는 열정을 당신과 나누려고 한다. 자아 발견이 당신이 부와 번영을 성공적으로 창조하고, 찾고, 쌓고, 누리는 데 왜 그토록 중요한지도 알려준다.

이 책은 당신이 당신만의 해결책을 찾도록 돕는다. 그 해결책은 당신의 진정한 가치에서 비롯된 만큼 오직 당신만을 위해서 특화돼 있다.

이 책에 실린 내용을 이해하고 실천한다면 '부'라는 단어의 새로운 의미를 찾을 수 있을 것이다. 그 의미는 당신이 가능하리라고 전혀 생각하지 못한 방식으로 당신에게 번영, 풍요, 성취를 안겨줄 것이다.

살면서 중요한 순간을 놓치지 마라. 특히 당신에게 의지하는 사람이 있다면 말이다. 시간은 소모적인 자원이며, 금융 서비스 분야에서 절대로 대체할 수 없는 단 하나의 소중한 자산이다.

다른 사람들이 '저 사람은 어떻게 저렇게 사는지 몰라'라고 생각하는 사람이 되어라. 긍정적인 행동을 하는 사람이 되어라.

곧 읽을 개인의 생산성에 관한 가르침은 긍정적이고, 오래가고, 삶을 변화시킨다고 입증되었다. 진정한 부로 향하는 길의 통제력을 잃지 않기 위해 당신이 해야 할 유일한 일은 책을 계속 읽는 것이다.

당신의 인생에 대한 통제력을 당장 일깨워라. 인생을 생산적으로 만들고, 당신이 만드는 인생을 즐겨라. 그러면 당신뿐만 아니라 당신의 감정, 관점, 성취에도 놀라운 변화가 생길 것이다.

살면서 중요한 순간을 놓치지 마라.
특히 당신에게 의지하는 사람이 있다면 말이다.

서문

이 책의 내용은 무겁지 않다. 일부러 짧게 쓰기도 했다. 독자들이 이 책을 읽도록 격려하고 싶었고, 이 책에 소개한 여러 개념을 완전히 이해할 때까지 더 읽길 바랐기 때문이다.

이 책은 당신이 자신에 대해 더 많은 것을 알기 위해 '생각'하도록 고안되었다. 당신이 번영과 풍요로 향하는 길에서 앞으로 완전하게, 그리고 꾸준히 나아갈 수 있도록 도와주고 싶었다.

스티브 잡스는 2005년 6월 12일에 스탠퍼드 대학교 졸업식에서 연설을 했다. 잡스는 당시에 자신이 죽어가고 있다는 것을 알고 있었다. 그때 잡스가 들려주었던 메시지는 이 책의 구석구석에 스며들어 있다.

잡스가 큰 부자였다는 사실은 누구나 알고 있다. 하지만 그의 메시지를 읽고 이해하기 전까지는 그가 이룩한 진정한 부와 번영의 수준이 마음에 와 닿지 않을 것이다. 진정한 부는 돈이 많

성공과 행복한 삶을 위한 작고 수상한 책

은 것과 관련이 없으며, 당신의 삶과 당신이 삶을 살기로 결정하는 방식과 관련이 있다. 그날 잡스는 다음과 같은 메시지를 학생들에게 들려주었다. 잡스는 출처가 밝혀지지 않은 명언으로 연설을 시작했다.

매일이 당신의 마지막 날인 것처럼 살다 보면 언젠가 그날이 실제로 마지막인 날이 올 겁니다. 저는 그 말을 가슴에 새기고 지난 33년 동안 아침에 거울을 볼 때마다 이런 질문을 던졌습니다. '오늘이 내 인생의 마지막 날이라면 내가 오늘 하려는 일을 하고 싶을까?' 대답이 '아니오'인 날이 계속 이어진다면 무엇인가 변화를 줘야 되겠죠.

제가 곧 죽을 것이라는 사실을 기억하는 것은 인생의 중요한 결정을 내릴 때마다 가장 큰 도움이 되었습니다. 죽음 앞에서는 거의 모든 것이 의미를 잃습니다. 주위의 기대, 자부심, 창피를 당하거나 실패하는 것에 대한 두려움은 전부 사라지고, 정말 중요한 것만 남습니다. 자신이 죽을 것이라는 사실을 기억하는 일은 제가 알고 있는 한 잃을 것이 있다는 위험한 생각을 피할 수 있는 최선의 방법입니다. 우리는 이미 죽음을 맞이할 가능성에 노출되어 있습니다. 따라서 마음 가는 대로 하지 않을 이유가 없습니다.

저는 1년 전쯤 암에 걸렸다는 진단을 받았습니다. 아침 7시 반에 정밀 검사를 받았는데 췌장에 종양이 있는 모습이 선명하게 보이더군요. 저는 췌장이 무엇인지조차 몰랐습니다. 의사들은 제가 걸린 암이 완치가 불가능할 것이 거의 확실하다고 하면서 3~6개월 정도 더 살 수 있을 거라고 말했습니다.

저를 담당했던 의사는 저에게 집으로 돌아가서 신변을 정리하라고 조언했습니다. 죽을 준비를 하라는 말이었죠. 그것은 10년에 걸쳐 자녀들에게 해줄 이야기를 몇 달 만에 해야 한다는 뜻이었습니다. 또한 가족이 최대한 편안할 수 있도록 모든 일을 마무리해야 한다는 말이었습니다. 작별 인사를 하라는 거죠.

내시경을 제 목구멍으로 넣어서 위와 장을 거쳐 췌장에 바늘을 찔러 종양 세포 몇 개를 떼어 냈습니다. 저는 마취가 되어 있어서 몰랐지만 아내의 말에 따르면 의사들이 세포를 현미경으로 관찰하고는 기쁨의 눈물을 흘렸다고 합니다. 드물게 수술로 치료할 수 있는 췌장암이었던 겁니다. 그래서 수술을 받았고, 이제는 괜찮아졌습니다.

이 사건이 제가 죽음에 가장 가까이 갔던 경험입니다. 앞으로 몇 십 년 동안 이렇게 가까이 갈 일이 없었으면 좋겠습니다. 그런 일을 겪어본 만큼 죽음이 유용한 하나의 개념일 뿐이었던 시절보다 다음의 말을 조금 더 확실하게 전할 수 있을 것 같습니다.

죽고 싶은 사람은 아무도 없습니다. 심지어 천국에 가고 싶어 하는 사람도 그곳에 가기 위해 죽고 싶지는 않을 겁니다. 하지만 죽음은 우리 모두가 공유하는 목적지입니다. 죽음을 피한 사람은 아무도 없으며, 그것이 마땅한 것 같습니다.

죽음은 아마도 인생 최고의 발명품일 겁니다. 인생의 변화를 촉진하니까요. 죽음은 오래된 사람을 치우고 새로운 사람을 위한 자리를 만들어줍니다. 지금 당장은 여러분이 새로운 사람이지만 언젠가는 점차 나이가 들어 결국 죽음을 맞이하게 될 겁니다. 이렇게 극단적으로 이야기해서 미안한데요, 이는 사실입니다.

당신의 시간은 한정되어 있습니다. 그러니까 남의 인생을 사는데 시간을 낭비하지 마세요. 도그마에 갇혀 살면 안 됩니다. 다른 사람들의 생각에 따라 인생을 살지 말라는 말입니다. 다른 사람들의 의견이 당신 내면에 있는 목소리를 묻어버리게 하지 마세요. 가장 중요한 것은 마음과 직감을 따를 용기가 있어야 한다는 겁니다. 마음과 직감에 귀 기울이면 당신이 어떤 사람이 되길 진정으로 원하는지 알 수 있습니다. 다른 모든 것은 부차적일 뿐입니다.

우리가 건설하고, 생산하고, 창조하는 모든 것은 우리의 인생

말하기 전에 귀를 기울여라.
글을 쓰기 전에 생각하라.
돈을 쓰기 전에 돈을 벌어라.

과 주변 사람들의 인생에 영향을 미친다. 따라서 무엇인가를 건설하고, 생산하고, 창조하기 전에 우선 생각을 해야 한다. 성공과 행복, 그리고 실망과 슬픔의 열쇠를 쥐고 있는 것은 우리의 생각이다.

대부분의 사람이 의식적인 생각을 조종하는 것은 무의식이라는 사실을 알지 못한다. 무의식은 일상적인 행동과 태도의 약 90퍼센트를 책임진다. 따라서 인생에서 진정한 성공을 누리고 부를 즐기려면 당신이 어떻게, 그리고 왜 지금과 같은 사고를 하는지 배워야 한다.

사고를 더 잘하는 방법과 자신뿐만 아니라 다른 사람들과도 의사소통을 더 잘하는 방법을 배운다면, 부, 번영, 풍요, 성취로 가득한 인생을 찾고, 창조하고, 유지하고, 즐길 수 있는 힘이 생길 것이다.

인생을 살면서 맞닥뜨리는 가장 큰 도전은 인간관계, 건강, 재정 문제일 것이다. 풍요와 성취를 이루고 싶다면 이 세 가지 요소가 조화를 이루어야 한다.

필자는 이 책을 당신을 위해 썼다. 다른 사람들을 어디서든 어떤 식으로든 돕는 것이 필자가 열정을 느끼는 일의 연장선상에 놓여 있었기 때문이다.

필자가 인생에서 제일 처음으로 열정을 느꼈던 분야는 스포츠다. 특히 야구에 관심이 많았다. 언젠가는 프로 야구 선수가 될 수 있지 않을까 하는 생각도 해봤지만 부상에 시달렸고 남다른 재능도 없었기 때문에 한계를 받아들이고 진로를 변경해야 했다.

그래서 과학에 대한 흥미를 살려 해양학을 공부하기로 했다. 언젠가 바닷물로 농작물을 자라게 하는 비법을 찾아내서 굶는 사람들을 돕고 싶었다.

그것은 고결한 목표였지만 야구 선수가 되고 싶었던 꿈과 마찬가지로 오래가지는 못했다. 시간이 많이 걸리는 식물 실험을 봄에 해야 했기 때문이다. 바다를 좋아한 것은 필자만이 아니었다. 필자의 학우들도 마찬가지였다. 결국 필자는 봄에 실험실에 있는 대신 해변에서 친구들과 비키니를 입은 여자들과 즐거운 시간을 보내는 쪽을 택했다.

열정을 쏟을 만한 다른 분야를 찾다가 곧 법을 집행하는 일을 통해 공공 서비스라는 것을 알게 되었다. 사실 법을 집행하는 일이 필자를 찾아온 것이지만 말이다.

법을 집행한 경험은 대단히 흥미로웠고, 그 덕택에 남은 인생 동안 무엇이 하고 싶은지 깨달을 수 있었다. 그 분야에서 30

년 정도 일했을 무렵 필자는 다음에 하고 싶은 일에 대한 계획을 세웠다. 어떤 일이 되었든 다른 사람들에게 서비스를 제공하는 일이어야 했다. 필자뿐만 아니라 다른 사람들에게도 안정감과 성취감을 주고 싶었기 때문이다.

결국 법을 계속 집행하면서 금융 서비스 산업에 대해 공부하고 그 분야에 진입하기로 결심했다. 필자는 1996년부터 지금까지 그 산업에서 훈련을 받았으며, 거기서 배운 내용을 실천에 옮겼다. 법을 집행하는 일을 풀타임으로 하면서 친구와 동료들의 투자 계획과 투자 관리를 도운 것이다. 필자는 그들이 재산을 불릴 수 있도록 어떤 식으로든 돕는 동시에, 은퇴 이후를 대비해 금융 자산을 효과적으로 관리하는 기술도 갈고 닦고 싶었다.

필자는 여전히 동료들에게 복잡한 금융 범죄에 대해 컨설팅 서비스를 해준다. 정식 투자 자문 대리인으로서도 개인의 포트폴리오를 관리하고 다른 사람들이 경제적 자유라는 꿈을 향해 나아가고 그 꿈을 이룰 수 있도록 계속 돕고 있다.

공공 부문에 종사하는 사람들과 일하다 보니 그들이 원해서 일을 하기보다는 해야 해서 하는 경우가 많다는 사실을 깨달았다. 그들이 전문적인 자금 관리 서비스를 받지 못하는 경우도 많았다. 그들의 노후 자금이 금융 서비스 분야에서 자금 관리를 투자하기 전에 조사해라.
비판하기 전에 기다려라.
기도하기 전에 용서해라.

받을 수 있는 최소 금액에 한참 못 미치기 때문이다.

그래서 많은 동료가 자금을 스스로 관리해야 했다. 그러다 보니 매달 발행되는 투자 자문 자료에 쉽게 현혹되고 말았다. 그런 자료는 장기간 보유하기에만 적당하다며 '최고의' 주식이나 뮤추얼 펀드를 홍보하고 나서는 다음 달이면 또 다른 '최고의' 주식이나 뮤추얼 펀드를 홍보한다.

공무원들이 저축액이 부족해 전문적인 금융 서비스를 받지 못하는 것도 문제였지만, 기존의 저축액을 불리고 싶은 마음에 과거에 성공했던 투자 방식을 답습하려는 유혹에 시달리기도 했다. 순자산이 진정한 부를 정의한다고 굳게 믿은 것이다.

필자는 법을 집행하면서 대단히 큰 성공을 누렸다. 하지만 신경언어학 프로그래밍을 발견하고 나서야 왜, 그리고 어떻게 다른 사람들을 다루는 데 그토록 능숙했는지 이해하게 되었다. 그들은 법의 어느 편에 서 있든 주로 극심한 스트레스에 시달리고 갈등을 겪는 사람들이었다. 필자는 그들과 라포르^{rapport}(주로 두 사람 사이의 상호신뢰관계를 나타내는 심리학 용어)를 형성했으며, 그들이 희망을 발견하고 나아갈 방향을 찾도록 도왔다. 그 일은 보람이 매우 컸는데, 필자에게 그런 잠재적인 능력이 있다는 사실을 알지 못했기 때문인 것 같다.

신경언어학 프로그래밍을 발견하고 그 분야를 나중에 공부하고 나서야 필자가 성공할 수 있었던 비법을 알게 되었다. 하지만 당시에는 왜, 그리고 어떻게 그런 결과가 나오는지 감조차 잡지 못했다.

최대한 많은 사람을 도울 방법을 찾기 위해서는 필자가 평생 쌓은 경험과 훈련을 전부 동원해야 한다는 사실을 알고 있었다. 그래서 사람들이 자신에 대해 더 많은 것을 알아내도록 도울 컴퓨터 플랫폼을 만들었다. 그들이 부와 번영에 더 가까워질 수 있게 더 나은 선택을 하길 바랐다.

필자는 신경언어학 프로그래밍이 의사소통 기술, 그리고 자신이나 다른 사람들과 소통을 더 잘하는 방법에 관한 것이라고 생각한다. 신경언어학 프로그래밍에 따르면 자신이 의도하는 바를 전달하는 능력은 자신의 세상에 관한 자신만의 내면 지도를 이해하는 것에 달렸다.

또한 의도가 잘 전달되었는지 확인하기 위해서는 다른 사람들의 행동을 피드백으로 받아들여야 한다. 그들의 생각을 바로 알아낼 수 있지 않는 한 말이다. 자신의 의도와 상대방의 반응이 일치한다면 라포르를 형성하는 데 성공한 것이며, 진정한 의사소통에 한걸음 다가간 것이다.

성공과 행복한 삶을 위한 작고 수상한 책

금융 서비스 산업에서 교육도 받고 일도 하기로 결심했을 당시 필자는 다른 사람들이 경제적 안정, 풍요, 성공을 찾을 수 있도록 돕고 싶었다. 하지만 그들이 진정한 부를 찾도록 도울 계획은 없었다. 진정한 부를 누린다는 것이 무엇을 의미하는지 아직 알아차리지 못했기 때문이다.

필자가 주로 도운 사람들은 동료들이었다. 그들은 필자가 알던 사람들이기도 했고, 다른 사람들이 어려운 문제를 해결할 수 있도록 도와주기 위해 얼마나 노력하는지 알았기 때문이다. 다른 사람들에게 헌신적으로 서비스를 제공하다 보니 막상 자신의 경제적 안정이나 행복은 우선순위에서 밀리는 경우가 많았다.

그들에게 투자 자문 서비스를 제공한 것은 그들을 교육시키려는 필자 나름대로의 시도였다. 아울러 그들이 스트레스와 위험으로 가득한 커리어를 마치고 가족과 어느 정도의 경제적인 성취를 즐길 수 있도록 돕고 싶었다.

필자는 여전히 다른 사람들을 도우려는 이 길 위에 서 있다. 우리가 어떻게, 그리고 왜 특정한 행동을 하는지 또는 특정한 행동을 하지 않는지에 관한 지식과 이해로 무장한 채 말이다.

필자는 다른 사람들이 진정으로 가치 있게 여기는 것이 무엇인지 알아내도록, 그래서 원하는 유형의 부를 찾도록 돕는다. 그러면 그들이 유연성, 선택, 힘, 성취의 측면에서 더 많은 것을 누리고 번영과 풍요가 포함된 진정한 부를 창조할 수 있다.

빨리 갈 수 있는 지름길이란 없다는 사실을 받아들이고, 배우는 데 전념해라.

마음을 열고 당신이 생각하는 방식에 변화를 줄 의향도 있어야 한다. 그래야만 당신이 원하는 결과를 얻는 데 필요한 행동과, 당신의 능력을 한정하는 특정한 사고방식과 생각을 찾아낼 수 있다.

마음을 연 채로 이 책에 소개된 여러 개념을 이해하고 실천하려 노력한다면, 당신이 원했던 변화를 불러오고 결과를 발전시키는 데 필요한 수완이 항상 있다는 사실을 깨달을 것이다.

당신은 무의식이 비밀을 쥐고 있다는 사실을 의식적으로 알지 못했을 뿐이다. 당신의 목표와 꿈을 이루기 위해서는 무의식이 의식을 안내하도록 허락해야 한다는 것을 알지 못했을 뿐이다. 단지 그뿐이다.

당신 자신과 당신이 가장 아끼는 사람들에 대해 더 많은 것을 알아내겠다는 의지로 이 여정에 오르겠다고 약속해라. 그런 의지가 당신에게 지속적으로 동기를 부여하고, 놀라울 만큼 자신에 대해 많을 것을 배울 수 있을 것이다.

필자와 이 여정을 함께 하는 동안 자신에 대해 더 많은 것을 알게 되고, 알면 알수록 모르는 것이 많다는 사실을 더 절실하게 느낄 것이다.

이 책을 읽으면서 약간 혼란스럽길 바란다. 혼란스럽다는 것은 당신이 무엇인가를 배우고 있고, 새로운 지식을 기존의 개념과 결부 짓는다는 것을 뜻하기 때문이다. 이 과정에서 새로운 지식이 내면의 갈등을 유발해 혼란으로 이어진다.

새로운 지식은 당신이 앞으로 나아가는 데 추진력을 제공하고 진정한 목표를 정의하는 데 영감을 불어넣을 것이다. 이는 목표를 찾아내고 나서 완전하게 달성하는 데 큰 도움이 된다.

이 책을 읽고 나면 진정한 성취감을 더 크게 느낄 수도 있을 것이다. 당신이 진정으로 가치 있게 여기는 것과 목표 간의 조화가 이루어졌을 것이기 때문이다.

이 책에서는 전통적인 '투자'와 개인 재무 관리도 다룬다. 하지만 필자가 이 책을 쓴 의도는 투자 포트폴리오를 구성, 관리하는 방법이나 '성공'을 위한 구체적인 투자 방법에 대해 조언하기 위해서가 아니다.

'성공'은 매우 주관적인 개념이며, 모든 사람에게 각각 다른 의미를 띤다. 따라서 필자가 당신의 구체적인 경제 목표, 위험을 견

딜 수 있는 정도, 투자 시계에 대해 모른 채 구체적인 자산 배분, 투자 대상, 자산군에 대해 조언하는 것은 적합하지도 않고 책임감도 없는 행동일 것이다.

이 책은 당신이 자신이나 다른 사람들과 의사소통을 더 원활하게 할 수 있도록 도와주기 위해 썼다. 의사소통이 더 잘 되어야 개인적인 힘을 키우는 데 필요한 지식, 기술, 능력을 발전시킬 수 있다. 힘이 커지고 나면 개인 재무 관리에 대해 더 현명한 결정을 내릴 수 있고, 당신이 진정으로 가치 있게 여기는 것을 찾을 수 있을 것이다.

이는 곧 더 높은 수준의 부와 번영으로 이어질 것이다. 당신의 경제적인 성공과 진정한 부에 큰 영향을 미친 장애물을 없애거나 당신의 능력을 한정하는 생각에서 벗어날 수 있을 것이기 때문이다.

너무 많은 사람이 돈에 대해 자신이 이해한 것에 한정되어 지나치게 의지한다. 하지만 그런 태도에서 벗어나 돈과 진정한 부의 주인이 되는 것이 매우 중요하다. 돈이나 경제적인 자유를 향한 투지의 노예가 되어서는 안 된다.

이를 위해서는 수완이 더 좋아지고 더 의미 있는 삶을 살아야 한다. 유연성을 기르고, 번영, 풍요, 그리고 의미 있는 성취를

성공과 행복한 삶을 위한 작고 수상한 책

이룩해야 한다. 이는 모두 힘을 불어넣는 강력한 개념이다. 이런 개념이 당신이 인생에서 가치 있게 여길 만한 것인가?

그렇다면 책을 계속 읽어라. 그리고 부, 성취, 번영, 풍요로 향하는 놀라운 여정에서 개인적인 힘을 키우는 비법을 배워라. 진정한 부에 관한 명확한 목표를 달성하면 일을 해야 해서가 아니라 일을 하고 싶어서 하는 위치에 놓일 것이다. 그것이 바로 힘이다!

필자는 특정한 가정이 사실이라고 추정되는 과정을 당신과 공유하면서 이야기를 시작하려고 한다. 이런 추정을 믿지 않아도 그 유용성을 시험하는 데 문제가 없다. 그 추정이 사실인 것처럼 행동하기만 해도 당신에게 생긴 놀라운 힘과 당신이 얻은 결과를 확인할 수 있을 것이다.

추정을 속단하지 말아야 한다는 사실을 잊지 마라. 추정을 충분히 인식하고 머릿속에서 추정에 이의를 제기해라. 그리고 그것이 당신에게 의미를 띠도록 해라. 그런 추정이 진정한 부, 번영, 성취, 풍요의 열쇠를 쥐고 있기 때문이다.

여정에 오르기 전에 다음에 소개하는 윌리엄 워드의 명언에 대해 잠시 생각해보길 바란다.

말하기 전에 귀를 기울여라. 글을 쓰기 전에 생각해라. 돈을 쓰기 전에 돈을 벌어라. 투자하기 전에 조사해라. 비판하기 전에 기다려라. 기도하기 전에 용서해라. 그만두기 전에 노력해라. 은퇴하기 전에 저축해라. 죽기 전에 나눠 줘라.

이제 진정한 의미의 부, 번영, 풍요를 찾기 위한 마법 같은 여정을 시작해보자. 부를 위한 사고와 성장을 시작할 시간이다!

그만두기 전에 노력해라.
은퇴하기 전에 저축해라.
죽기 전에 나눠 줘라.

THINK & GROW
WEALTHY

당신의
사고방식

★ ★ ★

성공을 향해 점차 발전하기 위해서는
상황을 있는 그대로 보고,
보이는 것보다 나쁘게 해석하지 말아야 한다.
항상 일의 부정적인 영향만 보고
그것을 실패로 받아들이면
아무것도 하지 않기 위해
변명을 늘어놓는 인생을 살 수밖에 없다.

사용 설명서는
훈련이 아니다

위의 문구가 너무 추상적으로 들린다면 컴퓨터 사용 설명서가 컴퓨터인 것은 아니라는 말이 좀 더 이해가 쉬울지도 모르겠다. 이 말도 처음에는 이상하게 들릴 것이다. 그래도 이 말에 담긴 개념에 대해 잠깐 생각해보고 이 말의 진정한 의미와 그 영향이 무엇일지 고민해보길 바란다.

신경언어학 프로그래밍을 접해본 독자라면 '지도가 그 지역인 것은 아니다'라는 말을 들어봤을 것이다. 다시 말해, 당신이 샌프란시스코의 지도를 보고 있다고 해보자. 그것은 실제 샌프란시스코가 아니라 종이나 컴퓨터 모니터에 보이는 해당 지역의 묘사에 불과하다.

당신이 실제로 샌프란시스코를 방문하면 다른 사람과는 전혀 다른 방식으로 그 도시를 표현하게 될지도 모른다. 바로 옆에 서서 당신과 똑같은 순간을 즐기는 사람과도 표현이 다를 수 있다. 바로 그 순간 당신이 표현하는 샌프란시스코는 모든 면에서 당신의 현실이 된다! 누군가는 샌프란시스코가 시끄럽고 냄새 나고 너무 붐빈다고 생각하는 반면, 당신은 도시가 활기차고 활발하며 당신에게 영감을 준다고 생각할지 모른다.

음식점에서 식사를 했던 경험에도 이와 똑같은 예를 적용할 수 있다. 당신이 누군가에게 음식점을 추천했는데 그 사람이 나중에 그 음식점이 형편없었다고 말한 적이 있을지도 모르겠다. 그 사람이 음식점의 거의 모든 면에 대해서 불평을 늘어놓은 나머지 당신은 당혹스러웠을 수도 있다. 음식점에 대한 그 사람의 표현이 당신의 경험, 즉 당신의 현실과 조금도 일치하지 않았기 때문이다.

당신은 그 음식점의 소박한 실내 장식, 친절한 종업원, 정성껏 준비된 음식이 가격 대비 만족스러웠다. 하지만 그 사람은 실내 장식이 촌스럽거나 조잡하다고 생각했고, 음식도 평범하거나 정성이 부족하다고 느꼈다. 그 사람의 세계에 대한 내적인 지도가 당신의 것과 달랐던 것이다.

그렇다고 해서 그런 일 때문에 음식점이나 당신이 그 음식점을 좋아하는 이유가 바뀌지는 않는다. 그것은 '당신'의 표현이자 당신의 경험이기 때문이다. 그것은 모든 면에서 다른 사람이 아닌 당신의 현실이다. 그것이 가장 중요한 점이고, 그런 점을 완전히 이해해야 자신 또는 다른 사람들과 소통을 더 잘할 수 있다.

당신이 부, 번영, 성취로 향하는 길은 이와 같은 개념에 크게 의존한다. 우리가 생각하는 방식, 즉 우리의 세상에 대한 모델이 반드시 정확한 것은 아니기 때문이다.

우리가 인정하고 깨달아야 할 중요한 사항은 우리의 머릿속이나 마음속에 있는 내용이 절대적인 진실이나 정확한 것은 아니라는 점이다. 이것이 바로 우리가 겪는 수많은 문제가 발생하는 원인이다. 부를 추구하고 그것을 이해하는 것뿐만 아니라 우리가 인생을 살면서 경험하는 모든 일에 이런 문제가 깔려 있다.

우리는 모두 세상에 대한 각자의 견해가 있으며, 그것을 개발하고, 이해하고, 받아들이는 데 많은 시간을 투자했다. 그 견해는 우리가 세상사를 이해하는 기준이 된다. 문제는 우리가 현실의 이런 견해를 믿고 받아들이자마자 그것에 들어맞는 일만 눈에 보이기 시작한다는 것이다.

따라서 세상에 대한 우리의 견해에 들어맞지 않는 것을 보거나 경험하면 우리는 그것을 무시하고 만다. '그것은 옳지 않아' 또는 '그것은 사실이 아니야'라고 생각하는 것이다. 이는 방금 일어난 일을 정확하게 묘사한 것일 수도 있지만 전혀 그렇지 않을 수도 있다. 우리가 방금 본 것이 그저 세상에 대한 우리의 모델과 맞지 않는 것일지도 모른다.

이럴 때 이 정보가 상황과 관련이 없거나 가치가 없다고 무시해서는 안 된다. 그 대신 정보가 우리의 모델에 맞도록 모델을 조정해야 한다.

우리는 살면서 이런 현상을 자주 본다. 사람들의 편협성과 편견에서, 또 우리의 재정 상황이나 부와 성취를 향한 여정에서 볼 수 있다. 우리의 능력을 한정하는 생각을 품고 인생을 살아가면서 우리는 기존의 추정을 강화하고 해결책이나 변화에 대해 마음의 문을 닫아버린다. 우리가 갖고 있는 지도가 그저 지도일 뿐이라는 사실을 잊는 것이다. 우리가 세상을 보는 방식이 참되고 정확하다고 실제로 믿기 시작하는 것이다.

우리가 주의해야 할 또 다른 점은 지도가 끝났을 때 "이 이상은 아무것도 없어. 이게 전부야"라고 말하는 것이다. 우리의 개인적인 지도의 범위를 넘어서서 새로운 지역을 비롯한 많은 것이 한참 더 있을지도 모르기 때문이다. 하지만 지도 밖에는 아무엇도 없다는 사고방식으로는 지도의 범위를 넘어 내다볼 생각을 하지 않고 결국 해결책도 찾지 않을 우려가 있다.

지도를 확장하고 스스로 정한 한계를 넘어 내다볼 줄 알아야 한다. 그 과정에서 옳지 않은 것이 분명한 경험과 사건을 접할 수 있다. 시간이 흐른 뒤에야 비로소 당신이 틀렸다는 사실을 깨달을 것이다. 이는 당신이 결코 이용할 수 없는 수많은 정보와 기회가 저 밖에 있다는 뜻이다. 이런 점은 당신의 재정 상황과 전반적인 부에 부정적인 영향을 미칠 수밖에 없다.

당신이 아는 사람들을 떠올려보라. 아마 자세하지 않은 지도를 갖고 있는 사람이 몇몇 떠오를 것이다. 다른 지도에 비해 세상을 훨씬 간단하게 나타낸 지도를 갖고 있는 사람 말이다. 그 지도가 그 사람에게 딱히 적합하지 않을 수도 있으며, 다른 사람들에게서도 그런 모습이 보일지도 모른다. 이때 던져야 할 질문은 과연 그런 점을 당신 자신에게서도 볼 수 있느냐 하는 것이다.

지도 위에 둥둥 떠 있는 것처럼 거리를 두고 지도를 내려다보면 어떨까? '이 지도가 나에게 무엇을 안겨주는가?', '세상을 이런 방식으로 바라봤을 때 내가 얻을 수 있는 결과는 무엇인가?', '이것이 나에게 어떤 이득을 주는가?' 등의 질문을 던져보길 바란다.

이 과정의 장점은 갈등이 생기거나 앞으로 나아가지 못할 때 또는 상황이 달라졌거나 어려울 때 지도상에 문제점이 나타난다는 것이다. 따라서 그 문제점을 이해하기 위해 지도를 보완할 필요가 생기고, 그 덕택에 새롭게 배우는 것도 생긴다!

이 과정을 더 쉽게 할 수 있는 유용한 방법이 있다. 바로 세컨드 포지셔닝second positioning이다. 이를 위해서는 다른 사람의 관점을 토대로 새로운 지도를 만들면 된다. 그러고 나서 '내가 만일 여기서 나 자신을 보면 어떨까?'라고 생각하는 것이다.

필자가 여러 고객과 함께 유용하게 사용하는 방법 한 가지는 자신이 지도 위로 높이 떠오르는 장면을 상상해보는 것이다. 그러고는 지도의 가장자리 중에서 다른 부분만큼 명확하거나 또렷하지 않은 부분의 크기와 모양을 알아내려고 노력해야 한다. 지도가 새로운 정보를 담을 수 있도록 더 크고 수정할 여지가 더 많다고 상상해보는 것이 다음 단계다. 그다음에는 자신의 지도가 다른 사람들의 지도와 어느 부분이 겹치는지, 또 어느 부분이 다른지 알아보면 된다.

지도를 어떻게 더 크게 만들 수 있는지 살펴보고, 이런 목적을 달성하는 데 필요한 지역에 초점을 맞춰라. 모델이 크고 정교

할수록 편한 마음으로 새로운 것을 더 많이 보고 새로운 사람과 더 많이 교류할 수 있을 것이다. 이는 기회의 증가로 이어지기도 한다.

세상을 나타내는 모델이나 지도에 변화를 줄 때 새로운 지도가 정확한지 아닌지 의문이 들 수 있다. 하지만 이때 자신에게 던질 수 있는 더 유용한 질문은 '이 새로운 지도가 나에게 적합한가?'다. 따라서 일이 제대로 돌아가지 않아 변화를 모색하거나 해결책을 찾을 때에는 세상을 나타낸 모델이나 지도를 자세히 살펴봐야 한다.

실패는 없다
오직 피드백만 있을 뿐!

당신은 '이것'을 원하고, 심지어 '이것'이 필요하다고 느낄지도 모른다. 하지만 '이것'을 거부하거나 포기하고 나서 힘이 생겼다고 느낀 적이 얼마나 많은가?

수수께끼를 계속 던질 수도 있지만 이쯤 되면 '이것'이 무엇인지 궁금할 것이다. 나에게 '이것'이 정말 필요하다고 느끼는가?

내가 얻지 못할 때 그토록 힘이 생기게 하는 이것은 무엇인가?

'이것'은 바로 '변명'이다.

우리는 하지 말았어야 할 일을 하고 나서 잘못을 다른 데로 돌리거나 그 이유를 정당화하기 위해 변명을 한다. 우리가 꼭 해야 할 일을 하기 싫을 때도 변명을 늘어놓는다.

하지만 행동에 나서고 자신을 밀어붙여 일을 완수하고 나면 변명을 더 이상 원하지도, 필요로 하지도 않는다. 행동을 통해 힘이 생겨 앞으로 더 나아가도록 동기 부여가 될 뿐이다. 장애물을 제거하고 우리의 능력을 한정하는 생각과 결정을 이겨낸 만큼 성취와 혁신을 위한 여정에서 한 걸음 더 나아갈 자유가 생긴다.

다음에 또 변명하고 싶은 생각이 들 때는 그것이 정당한 이유가 아니라 변명이라는 것을 인식해라. 변명을 물리치고 그것에 도전장을 던질 때 실패할까 봐 두려워하지 마라.

빈스 롬바르디는 이런 말을 했다. "이겼을 때 자랑하지 말고, 졌을 때 변명하지 마라." 즉, 자기 인생과 인생을 살기로 결정한 방법에 스스로 책임을 져야 한다는 뜻이다.

실패는 없고 오직 피드백만 있다는 사실을 항상 기억해라.

이 전제를 이해하고 받아들이는 것은 인생의 모든 측면에 대

이겼을 때 자랑하지 말고,
졌을 때 변명하지 마라.

단히 큰 힘을 부여한다. 이는 진정한 부를 향한 여정에 반드시 필요한 태도이기도 하다.

무엇인가를 시도했는데 예상대로 되지 않았을 때 당신의 첫 반응은 대체로 '내가 실패했구나'일 것이다. 그때 바로 포기할 수도 있다.

그 일의 심각함에 따라 분노, 슬픔, 우울감, 죄책감, 걱정마저 들 수도 있다. 하지만 이런 감정이나 느낌은 유용하지 않으며, 다른 누구도 이를 당신과 공유하지 않는다는 사실을 이해해야 한다. 이런 감정은 오직 당신만의 것이며, 항상 선택하는 것이다. 당신의 선택 말이다! 아무도 당신이 그런 감정을 느끼도록 만들 수 없고, 당신이 그렇게 느끼도록 선택하는 것이다.

이에 관한 실례를 몇 가지 살펴보자.

1967년에 저명한 의사인 크리스천 버나드는 남아프리카 공화국에서 처음으로 인간 심장 이식수술을 시행했다. 그런 수술을 처음으로 시행하고 그 결과에 환자의 생사가 걸렸다는 것은 대단한 책임이자 위업으로 다가왔을 것이다.

이식수술은 잘 진행되었지만 환자는 면역 억제제 때문에 폐렴에 걸려 수술 후 18일 만에 세상을 뜨고 말았다. 그렇다고 해서 이식수술이 실패했다고 볼 수 있을까? 버나드 박사가 이때 이식수술을 그만뒀어야 하는 것일까?

그다음으로 버나드 박사에게서 심장 이식수술을 받은 다른 환자는 수술 후 19개월 동안 살다가 세상을 떴다. 버나드 박사는 그 후 심장 이식수술을 열 번 더 시행하면서 매번 새로운 것을 배웠다.

다른 외과 의사들은 수술 결과에 실망했지만 버나드 박사는 굴하지 않고 계속 노력했다. 수술이 실패했다고 생각하지 않고 수술을 통해 배우게 된 것을 피드백이라고 여긴 것이다!

그는 수술의 피드백을 통해 매번 그다음 환자를 조금 더 오래 살릴 수 있을 만큼의 정보를 얻었다. 아무도 그런 버나드 박사를 실패한 사람이라고 여기지 않을 것이다.

토머스 에디슨은 또 어떤가? 그는 전구에 적합한 필라멘트를 찾기까지 물질을 1,000가지나 구해서 실험해보았다. 포기하지 않은 그의 끈기 덕택에 오늘날 세상은 더 밝은 곳이 되었다. 에디슨이 자신은 실패했다고 결정하고 대중에게 저렴하게 빛을 제공하려는 열정을 포기했다면 우리는 지금 어떤 삶을 살고 있었을 것 같은가?

데카 음반사의 인재 스카우트 팀은 비틀즈에게 음악 산업에서 미래가 없다고 말하고는 그들과 계약하지 않았다. 그때 비틀

성공과 행복한 삶을 위한 작고 수상한 책

즈가 "네, 당신 말이 맞습니다. 저희는 최선을 다했어요"라고 말했는가? 아니면 거절당한 것을 피드백으로 삼아 앞으로 나아갔는가?

마지막으로 실례를 한 가지 더 들어보자. 트럼프 항공을 기억하는가? 당신이 혼자만 기억하지 못하는 것은 아닐 것이다. 도널드 트럼프는 트럼프 항공을 기억한다. 하지만 항공사나 자신이 실패했다고 기억하는 것은 아니다. 트럼프는 자신의 노력을 실패로 간주하지 않으며, 그런 노력이 교훈으로 이어졌다고 생각한다. 그는 사업상의 새로운 모험에 뛰어들 때 그 당시에 얻은 피드백을 지표로 삼는다.

우리 모두 어린 나이에 이 교훈을 배운다면 어떨까? 실패란 없다. 오직 피드백만 있을 뿐이다!

성공을 향해 점차 발전하기 위해서는 상황을 있는 그대로 보고, 상황을 눈에 보이는 것보다 결코 나쁘게 해석하지 말아야 한다. 항상 일의 부정적인 영향만 보고 그것을 실패로 받아들이면 아무것도 하지 않기 위해 끊임없이 변명을 늘어놓는 인생을 살 수밖에 없다!

따라서 일이 좋지 않게 끝나더라도 그것을 피드백으로 받아들이고 매번 새로운 것을 배우고 개선해야 한다. 그러면 곧 의미 있고 사람들에게 힘이 되는 방법으로 꿈과 열정을 이룰 수 있을 것이다.

당신은 내 말을 조금도 듣지 않았다

당신은 자주 명확하고 간결한 조언을 해주거나 지시 사항을 일러주는가? 그런데 상대방이 당신의 조언과 반대로 행동을 한 적이 있는가? 아니면 그보다 더 나쁜 행동, 즉 아무 행동도 하지 않았던 적은 있는가?

그럴 때 당신은 어떻게 반응하는가? 상대방과 이런 상황에 대해 다시 논의하는가? 아니면 실패했다고 생각하고 상대방의 비효율적인 일처리 방식이 당신의 본래 의도나 목표에 방해가 되도록 놓아두는가?

만일 조언이나 지시 사항에 대해 다시 논의해야 한다면 즉각적인 피드백을 얻도록 노력해라. 그러면 상대방이 당신의 메시지를 어떻게 이해했는지 확인할 수 있을 것이다.

상대방이 제대로 이해했든 이해하지 못했든 당신은 깜짝 놀

성공과 행복한 삶을 위한 작고 수상한 책

라게 될지도 모른다. 이런 확인 과정은 상대방이 메시지를 당신이 생각하는 것과 다르게 받아들일 수 있다는 사실을 깨닫는 데 도움이 된다. 뿐만 아니라 메시지의 내용이 상대방이 정보를 받아들이는 과정과 자신이 그 일에서 맡았다고 생각하는 역할에 따라 그 사람에게 다른 의미를 띠고 다른 결과를 낳는다는 사실도 알 수 있을 것이다.

당신은 당신이 말하려고 한 내용을 상대방도 잘 이해할 수 있도록 충분히 시간을 들였는가?

상대방이 당신이 원하는 결과를 계속 무시한다면 '불이익'이나 벌을 주고 싶은 권위적인 욕구가 들 수 있다. 하지만 그것은 상대방에게 동기를 부여하는 좋은 방법이 아니다. 그 일이 비즈니스의 전반적인 성공이나 당신이 개인적으로 부를 얻는 것에 관련되었다면 더욱 그렇다.

일이 비즈니스와 관련 없는 개인적인 문제일 수도 있다. 당신의 아이가 하길 바랐던 것이나 잔심부름처럼 일의 결과가 상업적이지 않을지도 모른다.

일의 특성과 관계없이 한걸음 물러나서 당신의 메시지를 결과가 아닌 혜택과 결부할 수 있다면 상대방이 일을 성취하려는 의욕이 훨씬 커질 것이다.

그 일에 관계된 모든 사람에게 감정적인 혜택을 제공하면 그들의 행동을 촉진할 수 있고 모두가 무언가를 얻을 것이다!

효율적이고 효과적인 의사소통은 우리 모두의 인생에 대단히 중요하며, 놀라울 만큼 힘이 되고 긍정적인 영향을 미칠 수 있다. 반대로 잘못된 의사소통의 영향을 이해하지 못한다면 결과가 좌절감을 안겨줄 정도로 부정적일 우려가 있다.

당연한 말을 강조하자면 의사소통의 의미는 우리가 얻는 반응에 있다. 이 책을 계속 읽기 전에 이 말의 영향과 의미에 대해 생각해보길 바란다.

그런 이해를 당신의 인생에 넣고 이 말이 당신에게 진정한 의미를 띠게 해라. 누군가와 교감하지 못하는 느낌이 들었던 때를 생각해봐라. 정중하던 대화가 잔인하고 서로에게 상처를 주는 대화로 변했던 때를 떠올려라.

무엇인가를 주장하거나 무엇에 대해 불평했을 때 상대방이 시니컬해지더니 당신에게 소리를 지르기 시작한 적이 있을지도 모르겠다. 잘못을 저지른 사람이 자신이라는 것을 아는데도 말이다.

누군가가 당신의 자동차를 들이받을 뻔했던 때를 생각해봐라. 상대방이 실수를 했을 뿐인데 당신은 화를 내고 그런 감정과

성공과 행복한 삶을 위한 작고 수상한 책

당시 당신의 상태를 무의식적으로 정당화했을지도 모른다.

상대방과 사고가 날 뻔했던 것에 대해 이야기를 하면서 상대방이 차분한 태도로 당신에게 진정하라고 말했을지도 모른다. 그럴 때 당신은 진정할 수 있는가? 실제로 그런 상황에서 진정했는가? 상대방의 태도나 의사소통 방법에 따라 당신이 다른 방식으로 반응할 수도 있을 것 같은가?

우리는 누구나 다른 사람에게 일방적으로 말하지 않고 상대방을 이해시키는 방법을 배워야 한다!

대부분의 사람은 자신의 언어적, 운동감각적 의사소통 기술을 검토하는 데 시간을 할애하지 않는다. 그러고는 '내가 말을 잘못했나?'라고 고민한다. 당신이 말을 잘못했을 수도 있지만 결과에 영향을 미친 것은 말의 내용보다는 그 말을 한 방식일지도 모른다.

단어의 선택은 많은 사람이 생각하는 것보다 훨씬 중요하다. 예를 들어, 영어에서 가장 영향력 있는 단어 중에는 다음과 같은 것이 있다.

당신, 보장, 사랑, 건강, 결과, 돈, 입증된, 새로운, 쉬운, 발견, 해야 하는, 할will

만일 당신이 마케팅 분야에 종사한다면 다음의 단어에 마법 같은 숨은 영향력이 있다는 사실을 알지도 모르겠다.

비밀, 지금, 세일, 무료, 혜택, 알림, 방법, 빨리, Yes, 파워

잠재적인 영향력을 발휘할 수 있는 단어는 더 많이 있겠지만 이 정도만으로도 충분히 다른 사람들을 행동에 나서게 하는 메시지를 구성할 수 있을 것이다.

영향력 있는 단어를 더 많이 알고 싶은가? 그렇다면 '왜냐하면'이라는 단어를 대답에 집어넣어라. 상대방이 당신에게 무엇을 물었든 상관없다. 그러면 사람들이 당신의 의견에 훨씬 자주 동의한다는 사실을 깨달을 수 있을 것이다. 이런 방법은 누군가에게 무엇을 관찰해 달라고 부탁하거나 그 사람이 당신의 요구에 응해주길 바랄 때 특히 효과가 좋다. '왜냐하면'이라는 단어는 당신의 행동이나 요구를 정당화하는 데 유용하게 쓰일 것이다.

상대방에게 질문을 던질 계획이라면 당신이 원하는 곳으로 그 사람을 유도할 수 있는 질문을 던져라. 이런 방법은 상대방에게 힘을 불어넣는다. 상대방이 통제력을 쥐고 있다고, 그리고 당신이 그 사람의 의견을 중요하게 여긴다고 계속 느끼게 할 수도

있다. 그러는 내내 상대방은 당신이 마련해 놓은 길을 따라 서로 동의하는 목적지나 목표로 향할 것이다.

사람들이 우리의 말이나 의도에 적절하게 반응하길 바란다면 그들의 반응을 꾸준히 살펴봐야 한다. 그래야 서로 분명하게 이해했는지 확인할 수 있다. 서로 이해한 내용이 다르다면 그에 맞게 의사소통에 변화를 줘야 한다. 우리의 의도를 사람들이 제대로 이해했을 것이라고 함부로 가정하는 것은 현명하지 않다.

효과가 없다면
그만두고 다른 일을 해라

부, 번영, 풍요, 성취로 향하는 길 위에 있는 사람들에게 이것은 인식하고 넘어서기 가장 어려운 장애물 중 하나다. 자신이 비생산적인 사이클에 갇혀 있다는 사실을 알아차릴 수 있는 훈련 방법이나 인식이 발달하지 못했기 때문이다.

다음의 질문에 대해 생각해보되 아래의 행동을 집에서 절대로 재현해서는 안 된다.

사람들이 적절하게 반응하길 바란다면
그들의 반응을 꾸준히 살펴봐라.

- 콘크리트 벽에 머리를 부딪치면 어떤 일이 벌어질까?
- 그런 행동을 계속 반복하면 어떤 일이 벌어질까?
- 콘크리트 벽과 머리가 어떤 속도에서든 잘 어울리는 조합이 아니라는 사실을 깨달으려면 어떤 일이 벌어져야 할까?

우리는 각자의 인생에 대한 책임이 있다. 우리에게 벌어지는 일에 대한 통제력은 없을지 몰라도 그 일에 대한 반응은 언제나 조절할 수 있다.

우리가 항상 똑같은 방법으로 반응하면 벌어진 일의 결과에 대해 어떻게 느끼든 똑같은 결과를 예상할 수밖에 없다.

어떤 어려운 일에든 언제나 해결책은 있다. 이때 던져야 할 질문은 바로 이것이다. '그 해결책을 계속 찾을 준비가 되어 있는가? 당신이 받은 피드백을 적용하고 있는가?'

어떤 일을 하지 않아도 되는 이유를 찾기는 늘 쉬울 것이다. 어려운 것은 긍정적인 태도를 유지하고 다른 무엇인가를 해야 하는 이유를 찾는 것이다. 당신이 하고 있는 일이 효과가 없다면 다른 일을 시도해봐라. 윌 로저스가 한 말을 한번쯤 들어본 적이 있을 것이다. "구덩이에 빠져 있다는 사실을 깨달았으면 땅을 그만 파라."

당신은 선택을
감당할 줄 모른다!

장을 보거나 학교나 회사에 가려고 집 밖을 나설 때마다 극심한 공포에 시달린다고 상상해봐라. 광장 공포증은 이런 최악의 불안감과 공황 발작에 시달리는 신경증이다.

　광장 공포증이 있는 사람은 외출하는 것보다 집에 있는 편을 선호한다. 밖에 나가면 위험하기 때문에 자신의 마음과 집 안에 갇혀 지낸다. 이는 바깥세상에서 어떤 일이 벌어지는지 보지 못한다는 뜻이다. TV나 인터넷을 통해서 접하지 않는 한 말이다.

　인생의 어느 순간에든 선택할 수 있다는 것은 선택의 여지가 없는 것보다 언제나 낫다. 유연성을 기르고 어려운 일에 적용할 수 있는 다양한 해결책을 개발할 때만 그런 선택권을 얻을 수 있다.

　우리는 감당하기 어려운 엄청난 문제에 처했을 때 몸이 얼어버려 아무것도 못하는 경우가 너무 많다. 이것은 우리의 유전자와 뇌의 가장 원시적인 영역에 저장되어 있는 생존 기술이다.

　계산된 위험을 감수하고 밖에 나가기가 두려운 사람은 집과 현 상황이 안겨주는 안전의 노예가 되고 만다. 그 사람이 알고

　성공과 행복한 삶을 위한 작고 수상한 책

있는 한 선택사항은 존재하지 않는다. 그는 어떤 일을 하는 방법이 한 가지뿐이라고 생각한다. 선택할 수 있는 것이 단 한 가지라고 생각하는 것이다. 그런 사람은 실내에서 안전하다고 느끼는 동시에 인생을 충분히 즐기지 못하고 있다는 사실 때문에 우울해하기도 한다.

당신의 경제적인 미래와 진정한 부를 찾는 능력은 선택사항을 마련하고, 그런 선택사항을 바탕으로 합당하고 신중하게 위험을 감수하는 능력과 직접적인 관련이 있다.

유연성이 뛰어난 사람이
시스템을 통제한다

유연성이 있다는 것은 아무런 노력 없이, 또는 적은 노력을 들여 쉽고 순조롭게 변할 줄 안다는 것이다.

아이디어, 이상, 행동에 융통성이 없어지면 유연성이 떨어지고 우리에게 주어진 한정적인 선택사항을 받아들여야 한다. 그런 선택사항을 만든 것은 다름 아닌 우리 자신이라는 사실을 기억해야 한다. 대안이 없는 것이 아니라 우리의 감정, 생각, 그리고 궁극적으로 행동을 통제하는 방법을 배울 수 있지 않는 한 우리의 세상을 나타내는 지도가 선택을 방해하는 것이다.

누군가와 업무를 할 때 당신이 유연한 모습을 보이면 그 사람과 얼마나 잘 지내게 되는지 알 수 있을 것이다. 유연성은 더 많은 선택사항으로 이어지며, 유연하게 행동하면 '내 방식대로 하거나 떠나라'라는 식의 사고방식, 관점, 태도를 줄일 수 있다.

또 한 가지 예는 고정된 결과를 염두에 둔 채 비즈니스 협상에 임하는 것이다. 만일 그 결과를 얻지 못하면 당신에게는 어떤 선택사항이 있는가? 유연한 모습을 보이지 못한 탓에 처음부터 자신을 궁지에 몰아넣지는 않았는가?

반대로, 당신이 받아들일 수 있는 다양한 결과에 우선순위를 매긴 채 협상에 임했다고 생각해보자. 그러면 받아들일 수 있고 선택할 만한 결과를 한 가지 이상 얻을 가능성이 훨씬 커질 것이다.

유연한 태도를 보이면 선택사항이 늘어난다. 당신이 의도했던 결과를 뒷받침할 입장이나 주장을 제시할 수도 있다. 받아들일 수 있는 여러 결과 중 한 가지 결의안을 채택할 준비가 되어 있기 때문이다.

당신은 충분히
노력하지 않았다

설령 결점을 안고 태어났더라도 우리는 모두 주어진 자원을 활용해 최선을 다할 수 있는 능력이 있다. 모든 사람이 최선을 다하고 있다는 사실을 알고, 믿고, 받아들이는 것은 큰 힘이 된다.

우리가 하는 행동은 습관을 응용한 것이며, 과거에 효과를 보였던 여러 습관으로 구성되어 있다. 문제는 그 행동이 우리가 의도했던 결과를 더 이상 불러오지 않을 때 발생한다.

효과가 없는 일을 하다가 그것을 그만두고 다른 일을 시도해본 기억이 있는가?

핵심 과제 중 한 가지는, 행동을 하는 사람의 입장에서는 모든 행동에 긍정적인 의도가 담겨 있다는 사실을 인식하는 것이다. 그렇다고 해서 그 행동이 주관적, 객관적인 관점에서 최고의 선택이었다는 것은 아니다. 그 행동이 다른 사람들에게 긍정적인 영향을 미치거나 혜택을 제공한다는 것도 아니다. 너무 많은 행동이 긍정적인 영향을 끼치지 못한다!

우리는 인간으로서 의식적으로, 그리고 무의식적으로 우리가 그 순간에 알고 있는 것과 갖고 있는 것을 바탕으로 최고의 결정을 내리려고 노력한다.

누군가의 비열한 행동이나 태도마저도 그 당시에 그 사람의 긍정적인 의도를 충족한다. 누구든 주위에서 이기적으로 보일 만큼 터무니없고 모욕적인 행동을 하는 '연기자'를 어렵지 않게 찾을 수 있다. 하지만 그런 행동도 연기자가 그 당시에 품은 긍정적인 의도를 충족하는 것이다. 이런 사실을 받아들일 필요는 없지만 당신의 힘은 이런 점을 알아차리는 데서 비롯된다.

당신은
소통할 줄 모른다

누군가를 처음 만났는데 그 사람이 당신에게 미소를 짓기는 했지만 말을 걸지는 않았다. 아니면 그 사람이 당신을 위아래로 훑어보고 나서 아무 말도 하지 않았을지도 모른다. 이때 그 사람의 행동은 무엇을 뜻하는가? 당신과 소통했다고 볼 수 있을까?

인간이 사용하는 소통 방식의 대부분은 사실 비언어적이다. 언어적 소통이 7퍼센트밖에 안 되고 비언어적 소통이 75~90퍼센트나 된다고 주장하는 연구가 있을 정도다.

성공과 행복한 삶을 위한 작고 수상한 책

우리의 제스처, 자세, 얼굴 표정은 모두 다른 사람들에게 무엇인가를 알려준다. 무의식이 보디랭귀지를 통제한다는 사실을 깨닫고 나면 사고방식을 재훈련하고 자신의 무의식에 대해 배우는 것의 중요성을 알게 될 것이다.

우리는 언제나 의사소통을 하고 있다. 우리가 소통하고 있지 않다고 생각할 때도 말이다.

친구, 직장 동료, 가족 구성원에게 불만이 있거나 화가 나서 '침묵시위'를 해본 적이 있는가? 그렇다. 침묵시위를 통해 말을 하지 않았어도 의사소통을 한 것이나 마찬가지다.

기회를 자주 놓쳤다면 그것은 의사소통이 제대로 이루어지지 않은 데 대한 직접적인 결과다.

자존심 때문에 목표 지점으로 향하다가 곁길로 새지 마라. 자기 자신과 의사소통을 더 원활하게 하는 방법을 배우면 실언을 하는 끔찍한 실수를 저지르지 않을 수 있다. 다른 사람들과 소통할 때 마음을 열고 그들을 배려해라. 당신이 가장 아끼는 사람들을 대할 때는 그런 점에 더욱 신경 써야 한다.

마음, 신체, 정신은
분리할 수 없다

마음, 신체, 정신이 분리될 수 없다는 사실을 아는 것은 인생의 모든 측면에서 성공을 이루는 데 필수적이다. 마음이 신체를 조정하고, 신체가 마음을 조정하고, 정신이 모든 것과 연결되어 있다는 사실을 이해해야 한다. 예를 들어, 생각 없이는 감정을 느낄 수 없고, 감정이 있어야 생각이 많아질 수 있다.

진정한 부, 번영, 풍요, 성취를 이루기 위해서는 올바른 긍정적인 태도나 사고방식을 개발해야 한다. 건강한 마음은 건강한 신체를 낳으며, 그것은 당신이 인생을 즐기면서도 비전과 목표를 이룰 수 있도록 돕는다. 그것이 바로 진정한 부의 목적이다!

사람들은 모두
최선을 다하고 있다.

THINK & GROW
WEALTHY

제 2 장

희망과
해결책

우리의 현 상황을 이해하려면
어떻게 생각해야 할까?
진정한 부를 누리면서도
우리의 가치와 신조에 어울리는 생활을 하기 위해
행동에 적절한 변화를 주려면
어떻게 생각해야 하는 것일까?

당신에게 부란 무엇인가? 당신은 부를 어떻게 정의하는가? 부의
뜻은 무엇인가?

성공의 가장 중요한 요소 중 한 가지는 성공하려는 이유를 찾
아내는 능력이다. 그 이유를 밝히고 나서야 성공을 이룩할 방법
을 알아낼 수 있기 때문이다.

왜 당신의 인생, 직업, 인간관계, 부에 불만이 있는가? 불만의
이유를 알아내는 과정의 일부는 당신이 진정으로 가치 있게 여
기는 것을 정의하고, 이해하고, 그에 맞게 행동하는 것이다. 만일
현실이 그에 조금이라도 미치지 못한다면 공허하고 불만족스러
운 느낌이 계속 들 수밖에 없다. 그런 느낌은 해결책을 찾는 데
걸림돌이 되고 당신이 품고 있는 희망을 약해지게 한다.

당신은 부를 생각할 때 돈, 행복, 건강, 웰빙에 대해서도 생각
하는가? 또는 금전적인 여유가 있으면서도 다른 사람들을 부양

할 수 있는 능력에 대해 생각하는가? 아니면 당신이 하고 싶은 일을 하면서 재미있게 사는 것에 대해 생각하는가? 이중 당신에게 해당되는 사항이 몇 가지나 있는가? 아니면 해당 사항이 전혀 없는가?

보다시피 '부'는 사람에 따라 여러 의미를 띨 수 있다. 거기에는 이유가 있는데 아마 당신이 한번도 생각해보지 못한 이유일지도 모른다.

안타깝게도 많은 사람에게 '부'란 순자산이나 특정한 금액으로 나타낼 수 있는 통장 잔고에 불과하다. 사람들이 '100만 달러 또는 500만 달러 또는 1억 달러가 있었더라면 나는 정말 부자일 거야'라고 생각하는 것이다.

물론 금전적인 측면에서만 생각해보면 500만 달러가 있을 때를 부자라고 볼 수 있을 것이다. 하지만 당신이 정말 '부를 누리고' 있는 것일까? 그것은 당신이 진정한 부를 측정하는 기준이 무엇인지에 따라 달라진다!

당신에게 큰돈이 있지만, 아무도 당신을 아끼지 않고 당신 역시 사랑하는 사람이 없다고 가정해보자. 그런 상황에서 당신이 진정으로 부를 누리고 있다고 볼 수 있는가? 아니면 당신은 그저 큰돈을 가진 부자일 뿐인가? 당신의 건강, 인간관계, 행복은 부에 포함되지 않는가?

인생에서 '건강, 부, 지혜'가 모두 갖춰져야 한다는 말을 들어본 적이 있을 것이다. 이를 다리가 세 개인 의자에 비유해보자. 다리가 한 개 이상 없다면 그 의자는 과연 얼마나 안정적이라고 할 수 있는가? 당신이라면 그런 의자 위에서 수년 또는 수십 년 동안 마음 편히 서 있을 수 있겠는가?

때로는 실제로 일어난 시나리오를 머릿속에 그려보며 훌륭한 교훈을 얻을 수도 있다. 그런 의미에서 빌의 이야기를 들려주려고 한다.

빌은 자신의 분야에서 쉼 없이 일해 승진을 거듭했다. 마침내 두둑한 보상을 받는 마케팅 책임자가 되었다. 그는 자신의 커리어를 상당히 즐겼다.

빌은 자신의 목표 연봉인 65만 달러를 받게 되면 정말로 성공했다고 느낄 것이라고 생각했다. 가족과 함께 꿈에 그리던 집도 사고, 휴가도 가고, 자신의 사내 지위와 연봉이 안겨주는 전반적인 혜택을 누릴 수 있을 것이라고 생각한 것이다.

하지만 결과는 예상과 전혀 달랐다. '부'에 관한 자신의 목표를 달성했는데도 상황에 대한 만족도가 너무 낮았던 것이다. 한술 더 떠서 그는 비참하고 우울하며 혼란스러운 기분에 시달리

성공과 행복한 삶을 위한 작고 수상한 책

기도 했다.

돌아보니 빌은 출장을 가느라 아이들의 생일을 함께하지 못했다는 사실을 깨달았다. 아이들의 학교 연극도 여러 번 놓쳤고, 장남의 고교 야구 시즌도 통째로 놓치고 말았다.

이런 비극이 벌어진 것은 빌이 정의하는 '부'는 사실상 그가 정의한 부로 향하는 길에 놓인 하나의 숫자(연봉)에 불과했기 때문이다. 빌은 자신이 정의한 '부'가 마음속에 그린 것과는 전혀 다르다는 것을 깨달았다. 그 결과 우울해지고 자신에게 화가 났으며, 이는 주위 사람 모두에게 영향을 미쳤다. 그는 도움이 필요했지만 어디서 도움을 받을 수 있는지 몰랐다. 희망을 전부 잃고 만 것이다.

희소식은 빌이 희망은 항상 있다는 점을 깨달았다는 것이다. 부는 주관적인 개념이라 모든 사람에게 다른 의미를 띠기 때문이다. 부를 다른 사람이 아닌 당신의 가치와 신조에 바탕을 두고 자신만의 방식으로 정의해야 한다.

빌은 자신의 부가 환경 친화적이어야 한다는 것을 배웠다. 그가 부를 추구하는 방식이 환경 친화적이기 위해서는 자신의 욕구와 요구뿐만 아니라 주위 사람들의 욕구와 요구도 충족시켜야 했다. 당신 역시 당신이 추구하는 부가 당신의 환경을 개선하고

당신은
유일한 존재다!

환경 전반에 도움이 되는지 고민해봐야 한다.

진정한 부가 당신에게 어떤 의미가 있는지 정의하고 그것을 받아들여야 한다. 첫 번째 목표는 당신이 유일한 존재라는 사실을 이해하는 것이다.

당신은 모든 면에서 유일하다. 당신만이 당신이 살면서 겪은 여러 일을 경험했기 때문이다. 당신만이 인생이라는 여정에서 당신이 보고, 듣고, 냄새 맡고, 맛보고, 느낀 것이 무엇인지 안다. 그런 점이 어떻게, 그리고 왜 부를 증진하려는 당신의 욕구와 당신에게 중요한 것일까?

당신이 경험한 모든 것이 모여 당신의 지도를 완성한다. 이는 당신의 세상을 내적으로 표현한 것이며, 당신이 매 순간 다양한 자극을 인식하고, 느끼고, 그것에 반응한 방법의 집합체다.

당신이 그런 자극을 어떻게 내면화하고 결부 짓는지가 당신의 반응과 행동을 좌우한다. 그런 반응과 행동은 당신에게 힘이 될 수도 있고 방해가 될 수도 있다. 하지만 둘 중 어느 경우든 그것은 당신의 선택이다.

당신이 갖고 있는 지도는 다른 사람들이 갖고 있는 지도와 다르다. 이는 당신이 자신의 환경과 반응(행동)을 인식하는 방법이 다른 모든 사람과 다를 것이라는 뜻이다. 당신이 일어난 일을 맥

락 속에 집어넣는 능력과 내적인 표현을 나타내는 능력은 당신의 지도를 한정할 것이다.

감각 기관을 통해 너무 많은 정보가 지속적으로 들어오기 때문에 모든 정보를 의식적으로 처리하기는 불가능하다. 우리의 의식이 대부분의 정보를 삭제하고 왜곡하지 않으면 뇌가 제대로 기능할 수 없을 것이다. 우리가 어마어마한 양의 정보에 압도되는 동안 뇌는 정보의 중요도, 위험도, 득이 되는 정도를 구분하려고 애써야 할 것이다.

그러나 그 정보는 모두 무의식에 저장되어 있다. 의식적인 기억 속에서 왜곡되고 삭제된 정보가 대부분이더라도 말이다. 그 정보에 접근하고 그것을 꺼내는 방법을 배우면 여러 선택사항과 대안이 생겨 즉각적으로 힘을 얻을 수 있다. 스스로 자신에게 선택할 수 있게끔 해줘 유연한 모습을 보일 수 있는 것이다!

그런 선택사항 덕택에 유연성이 생기고, 유연성이 있으면 영향력이 생기며 행동에 변화를 줄 수도 있다. 이때 자신의 행동뿐만 아니라 다른 사람들에게 영향을 미치는 능력도 바꿀 수 있다.

감정 상태를 관리하는 기술을 배우면 부정적이고 비참한 상태에서 해결책을 찾지 않아도 된다. 그 대신 긍정적이고 힘이 있는 상태에서 인생의 문제들을 해결할 수 있다.

그런 능력은 오직 당신에게만 있으며, 그런 능력을 바탕으로 부, 풍요, 번영으로 가득한 삶을 꾸릴 수 있을 것이다. 다른 모든 것, 특히 당신의 가족과 당신에게 가장 의미 있는 인간관계를 희생하면서 사업을 꾸리거나 커리어를 쌓고 싶은 사람은 없을 것이다.

당신이 성공하고 '부유해지기' 위해 필요하다고 생각했던 모든 요소가 반드시 필요한 것은 아니라는 사실을 깨달을 것이다. 성공과 부를 어떻게 정의했든 상관없다.

당신에게는 이미 필요한 도구와 자원이 있다. 그것을 바탕으로 개인적인 유연성을 기르고, 선택사항을 늘려 당신의 행동을 바꾸고 긍정적인 행동을 취할 수 있어야 한다.

앞서 세상을 나타내는 지도에 대해 살펴본 것을 떠올려라. 당신의 현실을 인정하고 받아들여라. 현실이 당신의 가치와 일치하면 변화를 줄 수 있다!

모든 행동에는 체계가 있다. 그런 체계 덕택에 우리가 성공하기에 이상적인 상태가 되도록 배우고, 변하고, 다른 사람의 행동을 본받을 능력이 있는 것이다. 이것이 항상 쉬운 일은 아니며, 많은 사람이 이런 일을 전혀 쉽게 여기지 않을 것이다. 하지만 노력한 만큼의 보람은 언제나 있다.

우리는 모두
의도의 산물이다.

우리는 앞서 모든 행동에 긍정적인 의도가 담겨 있다는 사실을 배웠다. 그리고 사람들은 당시에 자신이 갖고 있는 것을 바탕으로 자신을 위해 최고의 결정을 내린다는 것도 알게 되었다. 그 결정이 당신에게 잘 맞으면 그것은 맞는 것이다! 그 사실을 알고 받아들이는 것이 중요하다. 하지만 당신에게 맞는 것도 다른 사람들에게는 맞지 않을 수 있다. 그들은 당신의 내적인 지도를 공유하지 않기 때문이다. 그렇더라도 당신은 자기 내면의 긍정적인 의도를 충족하는 셈이다.

우리는 모두 의도의 산물이다. 우리가 어떤 비전, 신조, 가치, 행동을 선택하는지에 관여하는 것이 바로 우리의 의도다. 진정한 부와 번영을 얻기 위해서는 유연성을 기르는 능력을 마스터하는 것이 중요하다. 또한 선택사항을 늘리는 동시에 당신과 주위 사람들에게 환경 친화적인 결정을 내릴 줄도 알아야 한다. 이런 점에 주의하지 않으면 출발점으로 돌아가거나 당신이 지금 있는 곳으로 되돌아오고 말 것이다.

의도에는 두 가지 종류가 있다. 하나는 의식적이고, 다른 하나는 무의식적이다. 의식적인 의도만이 계획되고 명확한 결과를 낳을 수 있다. 우리의 무의식 역시 결과를 초래하는 것은 사실이지만 이는 대체로 계획된 결과는 아니다.

무의식적인 의도는 대체로 이상하고 비생산적인 행동을 초래하며, 이는 보잘것없는 결과로 이어진다. 의식적인 의도는 우리가 특정한 방식으로 행동하거나 특정한 일을 해 목표를 달성할 수 있도록 우리에게 유연성을 안겨 준다.

그러면 이제 시작해보자.

우리의 현 상황을 이해하려면 어떻게 생각해야 할까? 진정한 부를 누리면서도 우리의 가치와 신조에 어울리는 생활을 하기 위해서 행동에 적절한 변화를 주려면 어떻게 생각해야 하는 것일까?

우선 우리가 무엇을 모르는지 적어도 의식적으로는 모른다는 사실을 인정해야 한다. 그다음에는 부와 목표를 충족하기 위해 'SMART'한 모델을 적용하면 된다. 우리는 이 모델을 의식적으로 적용하며, 빠지거나 삭제된 정보를 채우는 일은 무의식에 맡긴다.

SMART한 목표는 제대로 된 결과를 얻기 위해 들이는 구체적인Specific, 측정 가능한Measurable, 달성 가능한Achievable, 현실적인Realistic, 시간이 정해진Timed 노력을 나타낸다. 얻을 가능성이 큰 결과와 그렇지 않은 결과의 중요한 차이는 제대로 된 결과를 만들어내는 데 있다.

성공과 행복한 삶을 위한 작고 수상한 책

당신에게 부가 어떤 의미인지 정의하고 나면 "무엇이 내가 그 부를 얻는 것을 방해하는가?"라는 질문을 탐구할 수 있다. 그 질문에 대해 생각해보고 우리가 목표를 달성하는 데 걸림돌이 되는 것은 우리가 스스로 만들어낸 선택사항 또는 선택사항의 부재라는 사실을 이해해라.

당신이 처한 상황의 '원인'을 찾는 과정에서 여러 결과가 발생할 수 있다. '원인' 없이는 제대로 된 '결과'를 얻는 데 필요한 변화가 무엇인지 진정으로 이해하고 수용할 수 없다.

이 개념을 이해하는 것은 당신의 성공에 대단히 중요하다. 당신이 원하는 결과를 좌우하려면 인생에서 최대한의 힘을 얻어야 하기 때문이다. 이는 당신의 세상에서 일어나는 모든 일에 대해 스스로 책임을 져야 한다는 뜻이다.

'원인'에 대해 책임을 진다는 개념을 이해하는 더 간단한 방법은 뉴욕에서 런던까지 당신을 태워줄 항공기 기장에 빗대어 생각해보는 것이다. 기장이 '원인'에 책임을 지지 않고 일을 1퍼센트나마 소홀히 한다면 당신이 얻을 '결과'는 원하던 목적지인 런던에서 한참 떨어진 곳에 (운이 좋으면) 안전하게 내리는 것이다.

당신의 '원인'과 '결과'를 탐구하고 이해함으로써 당신이 방정식의 어느 쪽에 놓여 있는지, 그리고 당신의 결정이 목표에 어떤 영향을 주는지 알아낼 수 있다. 당신이 능동적인 원인으로서 인생을 살아가는지 아니면 당신에게 일어나는 여러 일에 대한 결과로 살아가는지 알 수 있을 것이다!

'원인'에 충실한 삶을 살기 위해서는 세상을 나타낸 의식적인 모델에 반영되지 않은 경험을 되찾아야 한다. 당신이 알지 못한다고 생각했던 것도 사실은 알고 있다. 이 문장을 다시 한 번 읽고 그 말의 영향과 의미를 충분히 이해하길 바란다.

인생은 항상 개선될 수 있고, 인생이 개선되면 진정한 부도 얻을 수 있다. 세상을 보는 관점을 바꾸면 당신의 감정도 바뀐다. 그런 변화가 당신의 부, 번영, 성취에 어떤 영향을 미칠지 생각해봐라.

당신이 우울하다면 모든 해결책이 우울한 상태에서 나올 수밖에 없다. 이와 마찬가지로 위험을 감수하길 두려워한다면 상황을 개선하는 데 필요한 위험과 연관된 행동을 취하지 않을 가능성이 크다.

당신이 추구하는 부를 만들어내는 데 대단히 중요한 요소 한 가지는 어느 누구도 다른 사람에게 감정을 불어넣지 못한다는 사실을 이해하고 받아들이는 것이다. 따라서 우리 모두 자신의 감정을 완벽하게 책임져야 한다. 적절한 훈련과 코칭을 통해 그런 감정을 수용하거나 거부하는 방법뿐만 아니라 당신이 긍정적인 행동을 취하도록 그런 감정을 다른 방식으로 재구성하는 방법도 배울 수 있다.

이런 관계를 이해하고 나면 누군가의 행동이 반드시 다른 사람의 행동과 연결되지는 않는다는 사실을 깨달을 것이다. 이런 역학 관계를 더 간단하게 이해하려면 누군가의 행동이 다른 사람의 감정을 유발하지 않는다는 점에 대해 생각해보면 된다. 그 감정은 당신만의 세상을 바탕으로 만들어진 당신이 한 선택이기 때문이다.

하나의 선택인 만큼 그런 감정은 부정적인 영향이 있을 수도, 또는 긍정적이고 힘이 되는 영향이 있을 수도 있다. 당신에게 선택권이 있지만 책임 역시 당신이 져야 한다.

모든 것은 일단 머릿속에서 하나의 의도로 만들어지고, 그다음에 현실에서 만들어진다. 의도가 의식적이든 무의식적이든 의도 없이는 현실이 있을 수 없다. 집에 대해 생각해보자. 건축가가 집을 일단 머릿속에서 만들어보고 실제로 짓기 전까지는 그 집이 현실이 될 수 없다.

결국 중요한 것은 당신의 태도, 기분, 현실에 대한 지도를 인식하고, 수용하고, 수정하는 것이다.

다음의 질문에 대한 답을 찾아 자기 인식을 마스터하고 나면 자기 인식은 현실이 되고, 의미를 띠며, 달성할 수 있게 된다.

◆ 내가 무엇을 원하는가?

◆ 무엇이 효과가 있는가?

◆ 내가 그것을 어떻게 할 수 있는가?

◆ 진정한 변화를 일으키기 위해서는 어떻게 해야 하는가?

성공과 행복한 삶을 위한 작고 수상한 책

당신의 세상에서 일어나는 모든 일에 대해
당신 자신이 책임을 져야 한다.

THINK & GROW
WEALTHY

제 3 장

동기
부여

당신의 비전과 목표는
분명하고 설득력 있어야 한다.
또한 당신의 진정한 가치와 연결되어 있어야
만족스러운 의미를 띌 수 있다.
당신의 비전은 당신의 긍정적인 미래는 포함하고
당신이 두려워하는 것은 포함하지 말아야 한다.

우리는 지금까지 부가 당신에게 어떤 의미가 있는지, 그리고 그
것이 주위 사람들에게 어떤 영향을 미치는지 정의하고 수정해
야 한다는 것을 배웠다. 당신이 정의하는 부가 당신의 가치, 신
조와 일치한다면 명확한 결과를 만들어나갈 수 있을 것이다. 이
제 당신은 영감을 얻었고 계획을 실행에 옮겨야 한다.

계획을 실행에 옮길 때 통제력을 온전히 하기 위해서는 다른
사람에게 구속당하지 않을 힘과 용기가 있어야 한다. 다른 사람
들이 당신이 어떤 사람이고 어떤 능력이 있는지 대신 정의하도
록 계속 놓아둬서는 안 된다.

걱정과 우리의 능력을 한정하는 생각이 우리의 행동을 막고
꾸물거리게 놓아두는 경우가 너무나 많다. 이 두 가지 요소는
당신이 진정한 부를 마음속에 그리는 능력뿐만 아니라, 긍정적
인 행동을 계획하고 착수하는 데도 균형을 이루지 못하게끔 영

향을 끼친다.

이제 당신의 능력을 한정하는 생각을 파헤쳐보자.

생각은 당신의 세상을 구성한다. 당신이 옳다고 생각하든 그르다고 생각하든 당신은 옳다! 이는 당신이 인생에서 무엇을 믿든 그것이 당신에게는 진실이라는 뜻이다.

그렇다면 이런 사실이 왜 그렇게 중요할까? 자신의 능력이 충분히 뛰어나지 않다고 생각하면 세상을 당신이 승리하거나 성공할 수 없는 곳으로 인식할 우려가 있기 때문이다.

이는 당신이 이상적인 배우자나 직장을 구하는 문제 또는 돈에 대한 당신의 생각과 돈을 벌거나 벌지 않는 능력과 관련이 있을 수 있다. 당신은 하물며 돈이 나쁜 것이라는 생각마저 들지도 모른다. 어쩌면 돈은 모든 악의 근원이고 돈을 구하거나 당신이 원하는 경제적인 성공을 이룩하기 어렵다는 생각이 들 수도 있다.

당신이 인생에서 추구하는 성공의 걸림돌은 두 가지다. 하나는 감정이며, 전형적으로 '두려움'이라는 형태로 나타난다. 다른하나는 당신의 능력을 한정하는 생각 그 자체다. 그런 생각을 버릴 수 있으면 대체로 두려움을 이겨내는 방법 역시 찾을 수 있을 것이다.

걱정은 걱정을 낳으며, 걱정을 많이 할수록 스트레스도 커진다. 이는 자기 파괴적인 행동으로 이어질 수 있는데 여기에는 손톱을 잘근잘근 깨무는 것부터 불면증까지 다양한 증세가 해당된다. 이런 행동은 틀림없이 행동으로 옮기지 않고 꾸물거리는 증세로 이어진다.

걱정을 너무 많이 하면 생각에 대한 통제력을 되찾는 것이 불가능해진다. 걱정은 학습된 행동이다. 당신이 예측하기 대단히 어려운 환경에서 자랐다면 어린 시절에 걱정하는 습관을 들인 채 어른이 되었을 가능성이 크다. 걱정이 많은 부모 손에 자란 사람이 그런 행동을 똑같이 따라 하는 경우도 매우 흔하다.

희소식은 성공에 방해가 되는 이런 걸림돌을 제거할 수 있다는 것이다. 마음이 더 편안하도록 생각을 재구성하고 마음을 더 통제하도록 자신을 가르칠 수 있다.

이쯤에서 이런 생각이 들지도 모른다. '그게 그렇게 쉽다면 다른 것에 대해 생각하면 되지 않을까?' 시도는 좋다만 일이 그렇게 돌아가지는 않는다. 당신의 인생을 조종하는 것, 즉 당신의 신념 체계를 운영하는 것이 바로 무의식이기 때문이다.

그렇다면 우리의 신념은 어떻게 탄생하는 것일까? 우리의 신념은 우리가 겪은 모든 경험의 결과이자 합이다. 우리가 지금 이 순간까지 인생에서 경험한 모든 것이 오늘날의 우리를 만들었다. 당신이 이 문장을 읽고 있는 바로 이 순간까지 말이다.

우리의 경험은 아름다운 시간과 충격적인 시간을 모두 포함한다. 부정적인 사건이 일정 이상 많아지면 한정적인 신념 체계로 변하고 만다. 기분 좋은 긍정적인 사건의 경우도 마찬가지다.

이 책은 당신이 부, 번영, 풍요를 발견하고, 만들고, 얻는 일을 돕기 위한 책이다. 따라서 이 개념을 더 분명하게 이해할 수 있도록 이를 직장과 면접으로 생각해보자.

당신이 과거에 면접을 보러 갔다가 합격하지 못했다고 가정해보자. 그래서 다른 직장에 면접을 보러 갔는데 거기서도 합격하지 못했다고 치자. 그러면 다음번에 면접을 보러 갈 때는 불안하고 긴장이 될 수밖에 없다. 면접에 가서 어떤 말을 할지, 또는 말을 어떻게 해야 할지 모른다는 생각이 드는 것이다. 이는 결국 더 큰 좌절감과 불안으로 이어지고 만다.

그러다 보면 면접관이 당신을 어떻게 여기는지 생각하게 되고, 이것 역시 면접에 대한 두려움을 가중시킨다.

부정적인 일을 경험할 때 마음이 통제 불능의 상태로 빠져들 수 있다. 그러면 통제력과 마음의 평정심을 되찾기가 매우 어려워진다. 머지않아 신체가 부정적인 감정과 생각을 모든 면접과

당신이 옳다고 생각하든 그르다고 생각하든
당신은 옳다!

연관 지으며, 당신이 원했던 직장에 절대로 합격하지 못할 것이라는 생각을 만들어내고 만다.

당신이 걱정을 많이 하는 사람이라면 지금부터 소개하는 간단한 5분짜리 연습 과제를 참고하길 바란다. 이 연습 과제는 걱정거리를 해결하는 데 도움이 될 것이다. 5분이 아니라 15분이 걸려도 괜찮으니 걱정하지 마라!

우선, 종이 한 장을 꺼내서 인생의 모든 걱정거리를 적어라. 걱정거리가 반드시 경제적인 문제일 필요는 없다. 직장, 가정, 학교, 건강, 과거의 기억 등 그 어떤 것도 상관없다.

여기서 중요한 것은 종이를 꺼내 목록을 작성하는 것이다. 걱정거리를 마음속에서 꺼내 종이에 적어라.

다음 단계는 각각의 걱정에 대한 해결책을 적는 것이다. 그러고 나서 다음의 질문에 대한 대답을 찾으면 된다.

- ◆ 이 문제를 해결하거나 개선하려면 어떤 자원이 필요한가?
- ◆ 내가 이미 보유한 자원 중 어떤 것이 도움이 되는가?
- ◆ 내가 이 문제를 혼자 해결할 수 있는가? 아니면 다른 사람의 도움이 필요한가?
- ◆ 전문적인 도움을 받을 필요가 있는가?

그다음에는 각각의 걱정거리가 해결되길 바라는 목표 날짜를 정해라. 걱정거리가 목표로 삼은 날짜까지 해결될 수 있도록 당신이 취하려고 하는 조치를 모두 적어라. 이때 주의할 것은 날짜를 현실적으로 정해야 한다는 점이다. 자신에게 비현실적일 만큼 큰 기대를 건 나머지 실패했을 때 노력한 과정을 되돌아보고 낙담하고 싶지는 않을 것이기 때문이다.

종이를 잘 보관하고 오늘은 그 문제에 대해 그만큼 시간을 들였으면 충분하다고 생각해라. 이제 그 문제에 대해서는 다음의 '걱정 시간'에만 다시 생각하겠다고 다짐해라.

여기까지 했으면 이제 마음을 비우고 긴장을 풀면 된다!

걱정을 할 구체적인 시간을 정해두면 자신에 대한 통제력을 되찾을 수 있다. 해결책을 떠올리고, 그것을 적고, 목표 날짜를 정하고, 해결책을 위한 긍정적인 행동을 취하면 걱정거리를 훨씬 쉽게 감당할 수 있다.

걱정거리를 종이에 적어 놓으면 그것이 그렇게 걱정스럽게 느껴지지 않을 때도 있다.

이 연습 과제를 매일 일주일 동안 해보고 당신의 감정에 어떤 변화가 생기는지 살펴봐라. 다른 모든 것처럼 익숙해지는 데 시간이 좀 걸릴 수도 있지만 꾸준히 하다 보면 효과가 있을 것이다.

성공과 행복한 삶을 위한 작고 수상한 책

당신이 성취한 것이나 새로운 걱정거리를 적는 것도 잊지 마라. 목록에 적힌 걱정거리를 제시간에 해결하기 위해서 추가로 취할 수 있는 행동이 있는지도 생각해봐라.

앞서 당신이 걱정을 자주 하는 이유가 다른 사람의 습관을 따라 한 것일 수도 있다고 언급한 사실을 기억하는가? 우리가 꼭 남의 나쁜 습관만 따라 하게 되는 것은 아니다. 훌륭한 결과를 얻은 사람들의 행동이나 습관도 따라 할 수 있다. 당신의 인생을 바꿀 최선의 방법은 당신이 추구하는 것을 이미 얻은 사람을 찾아 그들의 행동을 따라 하는 것이다.

우리는 안타깝게도 고쳐야 하는 나쁜 습관, 행동, 신념을 배우고 받아들이며, 그런 나쁜 것들이 우리의 잠재력을 한정하도록 놓아둔다. 인생을 살면서 부모, 형제자매, 선생, 친구, 권위자를 비롯해 당신이 의사소통을 하는 모든 사람은 나이, 사회적 지위, 교육, 경제적 계층, 종교, 성별, 성적 취향 등에 따라 당신을 판단한다.

그런 판단이나 의견의 일부는 긍정적일 수도 있다. 당신이 똑똑하거나 성적이 좋은 학생이거나 성공적이라는 판단처럼 말이다. 하지만 다른 의견은 부정적일 우려도 있다. 당신의 실력이 뛰어나지 않거나 당신이 똑똑하거나 예쁘지 않다는 의견처럼 말이다. 당신이 그런 판단을 사실로 받아들이면 그것이 당신의 생각에 영향을 미치기 시작한다. 그런 판단이 오랜 시간에 걸쳐 힘을 더 얻으면 당신의 무의식이 당신에 대해 품고 있는 생각과 의견을 좌우할 수도 있다.

우리는 누구나 마음속 깊은 곳에서는 자신에 대한 의견에 민감하다. 다른 사람들이 우리에 대해 상처가 되는 부정적인 말을 하면 우리는 그것을 스펀지처럼 흡수하는 경향이 있다. 그러다 보니 부정적인 에너지가 담긴 다른 사람들의 말도 안 되는 생각을 평생 안고 가기가 쉽다.

사람들이 당신에게 하는 말만 상처가 되는 것은 아니다. 사람들의 제스처나 보디랭귀지는 그들이 우리에 대해 어떻게 생각하고 느끼는지 보여주는 창과 같은 역할을 한다. 우리의 무의식은 다른 사람들의 신체 표현을 살펴 그 뒤에 감춰진 의미를 포착할 줄 안다.

입으로는 거짓을 말할 수 있지만 몸은 언제나 진실을 말한다. 무의식이 포착하기 어려운 움직임을 통제하기 때문이다.

어떤 사람이나 집단이 당신을 나쁘게 본다는 느낌이 들면 이 역시 자신에 대한 부정적인 생각으로 이어질 수 있다. 이 모든 것은 우리의 자아 인식에 대한 하나의 이미지가 되거나 우리가 자신에 대해 사실이라고 생각하는 것이 되고 만다. 당신에게 붙는 온갖 꼬리표를 사실이라고 믿기 시작하는 것이다.

이런 부정적인 생각은 당신에게서 개인적인 힘을 앗아갈 수도 있다. 하지만 통제력을 되찾아 부정적인 것에서 멀어질 힘을 얻으면 당신과 다른 사람들을 위해 새로운 삶을 만들어나갈 수 있다.

말에는 누군가를 해치는 힘도 있고 치유하는 힘도 있다. 다른 사람들이 당신을 해치는 말을 썼다면 자신을 치유하고 힘이 되는 올바른 말을 찾는 것이 관건이다. 그들의 말에 너무 많은 시간을 들이지 마라. 그들의 인식은 그들의 내적인 표현이 반영된 것일 뿐이다.

첫 단계는 당신이 매일 안고 사는 바람직하지 않은 자기 체계를 인식하는 것이다. 자신에 대해 환상적이고 긍정적인 생각이 많을 수도 있지만 적어도 한 가지 이상의 부정적인 생각이 있을 가능성이 크다. 그런 생각은 당신이 인생에서 앞으로 나아가지 못하도록 가로막는다.

그렇다고 해서 걱정할 것은 없다. 이제부터 어떻게 하면 통제력을 되찾을 수 있는지 당신의 능력을 한정하는 생각을 찾아내고 바꿀 수 있는지 알아보면 된다.

이번에도 종이 한 장을 꺼내 자신에 대해 사실이라고 생각하

말에는 누군가를 해치는 힘도 있고,
치유하는 힘도 있다.

는 내용을 두 영역으로 나눠서 적어라. 한 영역에는 긍정적인 내용을, 다른 영역에는 부정적인 내용을 적으면 된다.

각각의 생각을 살펴보고 그것이 당신에게 어떤 느낌을 주는지 적길 바란다. 그리고 나서 그런 생각이 당신의 인생과 주위 사람들에게 어떤 영향을 끼치는지 생각해봐라.

그다음에는 다음의 질문에 답해보자.

"이런 부정적인 생각이 없다면 나는 어떤 사람이 될 수 있을까?"

그리고 나면 부정적인 생각이 사실이 아니라고 생각해보길 바란다. 그리고 자신에 대한 부정적인 생각을 대체할 긍정적인 생각을 적어라.

상처를 치유할 수 있는 말을 찾아냈는가? "나는 실력이 충분하다", "나는 똑똑하다", "나는 친절하다"와 같은 말을 찾으면 된다. 내면의 힘이 필요할 때마다 그런 말을 큰 소리로 읽어라.

우리는 모두 이런 내면의 변화를 줄 수 있는 자원을 보유하고 있다. 이런 변화를 주기로 결심하면 이 기회에 새로운 것을 배울 수 있다. 모두 선택의 문제이기 때문이다. 자신에 대한 부정적인 생각을 모두 모아 휴지통에 넣어라.

당신의 힘에 변화를 주고, 자신의 경계를 스스로 정하고, 더 이상 다른 사람들이 신뢰할 만한지, 안심할 수 있는지, 당신을 지지하는지 행동으로 보여줄 때까지 기다리지 마라.

그런 인간관계가 어떻게 정의될지는 당신이 정한다. 이런 태도는 당신에게 힘을 불어넣기 때문에 당신이 다른 사람들의 결정을 더 이상 기다리지 않아도 된다. 성공과 번영을 위한 당신만의 환경을 만들어야 한다. 당신이 직접 만들지 않으면 아무도 만들어주지 않을 것이다.

당신을 지지해주는 사람들도 있을 것인 만큼 진정한 부와 번영을 찾기 위해서는 긍정적으로 사고하는 방식을 익히고 그런 습관을 유지하기만 하면 된다.

긍정적인 사고방식은 여러 이유로 중요하지만 '번영하는' 사고방식이 행동을 더 적극적으로 이끌어낼 수 있다. 그런데 이것이 당신에게 개인적으로 왜 중요할까?

이 질문에 대한 답을 찾으려면 '번영하는prosperous'이라는 단어의 정의를 살펴보면 된다. 메리엄 웹스터 사전은 이 단어를 '상서롭고 순조로운, 성공 또는 경제적 웰빙을 누리고 활기차고 건강한 성장을 즐기는'이라고 정의한다.

이것이 전인적이고 환경 친화적인 방식으로 부유해지고 싶은 당신의 진정한 욕구를 정의하지 않는가? 당신의 욕구와 요구뿐만 아니라 주위 사람들의 욕구도 진정으로 충족하는 동시에 당신의 환경 전반을 개선하고 싶을 테니 말이다.

자신뿐만 아니라 다른 사람들과도 의사소통을 더 잘함으로써 머릿속에 감춰져 있던 생각을 꺼내는 방법을 배울 수 있다. 그러면 더 건강한 삶, 더 큰 경제적인 성공, 더 행복한 생활, 더 수준 높은 개인적인 교육, 더 깊은 정신적인 삶을 누릴 수 있을 것이다. 당신이 '정신적인 삶'을 무엇이라고 정의하기로 선택하든 상관없다.

자신과의 의사소통을 개선하고 마스터하기로 결심하면 당신의 가치를 더 분명하게 이해하고, 그런 가치가 어떻게 동기를 부여하는지 더 깊이 이해할 수 있을 것이다.

이런 이해는 당신이 힘, 부, 번영을 얻기 위해 떠난 여정에서 목표를 달성하고 난 후 드는 어떠한 느낌에 상당한 영향을 미친다.

당신의 비전과 목표는 분명하고 설득력이 있어야 한다. 또한 당신의 진정한 가치와 연결되어 있어야 의미가 있다. 당신의 비전은, 당신의 긍정적인 미래는 포함하고 당신이 두려워하는 것은 포함하지 말아야 한다.

당신의 가치는 인생의 여러 기본 영역마다 다를 것이다. 당신은 커리어, 정신, 건강, 가족과 다른 사람들과의 관계, 개인적인 성장과 발전에 관계된 의미 있는 가치를 얻을 수 있을 것이다.

당신이 그런 가치를 평가하고, 실천하고, 통합하는 방법이 당신의 성공과 부의 규모를 결정할 것이다. 다시 한 번 강조하자면 당신이 얼마만큼의 성공, 부, 번영을 누리는지 측정하는 기준이 돈이 될 수는 없다.

당신의 가치에 대한 더 수준 높은 이해를 통해 당신이 인생에서 힘이 되는 신념과 결정에서 멀어져야 하는지 그것에 더 가까워져야 하는지 결정할 수 있는 위치를 점할 것이다.

당신은 갈등, 위험, 부, 가난을 향해 나아가고 있는가? 아니면 그런 개념에서 점점 멀어지고 있는가?

이런 과정은 당신이 초점을 맞추는 것에 이의를 제기하고 그것을 발전시킬 수 있게 해 준다. 우리는 초점을 맞추는 것을 얻게 되기 때문이다. 그것이 설령 부정적인 것이더라도 말이다. 하지만 여기서는 긍정적인 것에 초점을 맞추는 방법을 배울 것이다. 이것이 바로 당신이 원하지 않는 결과가 아니라 당신이 성취하고 싶어 하는 것에 항상 초점을 맞추는 것이 매우 중요한 이유다.

원하지 않는 결과에 초점을 맞추면 무의식적으로 부정적인 것에 초점을 맞추게 된다.

당신의 비전은
당신의 긍정적인 미래는 포함하고
당신이 두려워하는 것은 포함하지 말아야 한다.

THINK & GROW
WEALTHY

제 4 장

당신의
변화

★ ★ ★

우리는 누구나 선택할 수 있는 힘이 있다.
무엇에 초점을 맞출지,
행동 또는 행동하지 않는 것의 의미가 무엇인지,
그 결과로 어떤 일을 할 것인지
선택할 수 있다.
중요한 것은 살아가는 '환경'이 아니라
우리가 인생을 살면서 내리는 '결정'이다.

당신의 잠재력은 무엇인가?

많은 사람이 자신이 정체되어 있는 것 같은 기분을 느끼며 인생을 살아간다. 그들이 무엇을 하든 얼마나 열심히 노력하든 그런 노력이 충분하지 않은 것처럼 보인다.

하지만 반대로 많은 사람이 성공의 비밀을 찾은 것처럼 보이기도 한다. 그들이 무엇을 하든 항상 적합한 것 같고 모든 것이 계획대로 진행되는 것처럼 느껴진다.

두 집단의 차이는 당신이 생각하는 것만큼 크지 않다. 성공하는 사람은 자신의 내면을 들여다보고, 성공적인 몽상가가 되고, '발견의 순간'을 이용하는 방법을 터득했을 뿐이다.

그렇다면 '발견의 순간'이란 무엇일까? 이런 순간은 자신에 대해 배우는 순간이자 당신의 인생에 펼쳐진 상황이 얼마나 나쁜지가 아니라 당신의 잠재력이 얼마나 뛰어난지에 따라 결정된다는 사실을 깨닫는 순간이다.

성공적인 사업가나 운동선수는 "나는 어떤 일이 있어도 성공할 거야!"라고 말하고 자신을 설득하는 방법을 배운다. 그들이 매일 아침 일어나서 제일 처음 하는 일이 그런 주문을 외우는 것이다. 그들은 아무것도 자신을 방해하지 않을 것이라고 생각함으로써 성공에 대한 믿음을 더욱 견고하게 한다.

그들은 자신의 컨디션을 최상으로 끌어올리는 방법을 배웠다. 그런 방법을 잘 기억해뒀다가 필요할 때마다 사용하는 것이다.

이는 운동선수에게서 가장 잘 나타난다. 훌륭한 운동선수는 경기가 잘 안 풀리는 날에도 변명거리를 외부 요인에서 찾지 않는다. 그는 자신을 돌아보고 상황을 개선하기 위해 필요한 변화를 찾아내려고 노력한다.

외부의 환경적인 요인을 탓하지 않고 자신을 평가하는 능력, 그리고 연습을 통해 개선해야 할 미묘한 변화를 찾아내는 능력이 있는 운동선수가 놀라운 성공을 거둘 수 있는 것이다.

훌륭한 운동선수가 날씨, 경기장, 조명 등을 탓하는 경우는 거의 없다. 함께 경쟁한 다른 선수들도 동일한 조건에서 경기를 치렀다는 것을 알기 때문이다. 외부 요인을 탓하는 것은 자신의 능력을 한정하게 한다. 그런 생각은 당신이 '발견의 순간'을 알아보고 수용하는 방법을 배우기 전까지 이겨내기가 어렵다.

다음번에 스포츠 경기를 관람할 때 선수들이 습관적으로 하는 행동을 유심히 살펴봐라. 투수가 마운드에 들어서서 글러브의 끈을 조절하고, 수영 선수가 출발대 위에서 준비하기 전에 팔을 뻗어 앞뒤로 손뼉을 치고, 골프 선수가 골프채를 돌리거나 마치 골프공이 자신을 공격할 것처럼 공에 조심스럽게 접근하는 그런 동작을 눈여겨봐라.

그런 행동을 하면서 선수는 확신을 품고 앞에 놓인 일이나 경기를 마음속에 그려본다. 열심히 찾아낸 작고 미묘한 변화를 그 특정한 순간에 모두 상기하는 것이다.

그래서 당신의 잠재력은 무엇인가?

우리는 누구나 선택할 수 있는 힘이 있다. 무엇에 초점을 맞출지, 행동 또는 행동하지 않는 것의 의미가 무엇인지, 그 결과로 어떤 일을 할 것인지 선택할 수 있다. 중요한 것은 살아가는 '환경'이 아니라 우리가 인생을 살면서 내리는 '결정'이다. 주의를 기울이고 '발견의 순간'을 찾아봐라. 당신의 잠재력을 찾아내고, 받아들이고, 다른 사람들과 공유해라.

이때 내면의 가치를 정의하고, 자신을 진정으로 이해하고, 자신에 대해 배우는 것에서 출발해야 한다. 이를 통해 자기 자신,

성공과 행복한 삶을 위한 작고 수상한 책

그리고 다른 사람들과의 소통 능력과 한계를 더 분명하게 이해할 수 있다.

자신과 의사소통하는 능력을 업그레이드해서 다른 사람들과도 더 원활한 소통이 가능해지면 당신이 말하고자 하는 내용을 원하는 대로 할 수 있을 것이다.

차이를 낳는 것은 당신이 목표를 언급하는 태도다. 우리는 긍정적으로 언급한 목표를 부정적으로 언급한 것보다 성취할 가능성이 훨씬 크다.

필자의 말을 믿지 못하겠는가? 그렇다면 다음의 두 가지 발언을 살펴봐라.

◆ 나는 살을 뺐으면 좋겠는데 몸무게가 ○○kg 이하로는 잘 안 내려간다.

◆ 나는 몸무게를 ○○kg 빼면 더 건강해질 것이다. 날씬한 모습과 더불어 새로운 활력도 즐길 수 있을 것이다.

앞으로 나아가기 위해서는 '어떻게 해야 하지?' 또는 '부정적인 감정이나 생각을 어떻게 없앨 수 있지?'라는 생각이 들지도 모른다. 하지만 당신은 이미 앞으로 나아가고 있다. 의식적으로 알아차리지 못했을 뿐이다.

예를 들어, 옛날에는 어둠이 무서웠는데 이제는 더 이상 무섭지 않을 수도 있다. 이는 당신이 부정적인 감정을 없애는 방법을 이미 어느 정도 알고 있다는 뜻이다.

자신의 변화를 관리하고자 하는 욕구와 관리할 수 있는 능력을 개발하는 것은 성공에 대단히 중요하다. 오늘날과 같이 문자 메시지, 트윗, 전화 통화, 이메일 등을 통해 정보가 넘치는 세상에서는 냉철한 두뇌로 집중할 줄 알아야 한다.

정보의 홍수 때문에 집중력을 잃어버리면 과감한 조치를 취하는 데 걸림돌이 된다. 이럴 경우 당신이 상당히 많은 일을 성취한 것처럼 느끼더라도 실제로는 생산성이 떨어지고 만다.

당신이 가장 중시하는 가치를 정의하고 나면 당신의 목적을 정의할 수 있을 것이다. 이는 장기적인 비전과 목적을 달성하는 데 필요한 단기적인 집중력에 도움이 될 것이다.

인생에서 부, 번영, 풍요를 이룩하려면 절제력과 특정한 기회가 찾아왔을 때 그것을 거절할 수 있는 능력이 필요하다. 이를 위해서는 '아니오'라고 더 자주 말하는 능력뿐만 아니라 거절하고 나서 미련을 남기거나 후회하지 않는 능력도 개발해야 한다.

진정한 부를 이룩하는 사람은 모든 일을 하려고 하거나 모두를 위해 모든 역할을 수행하려고 하지 않는다. 모든 일을 하려고 하다 보면 혼란스럽고 집중력만 떨어지게 된다. 실속 없는 기회를 거절하는 방법을 배움으로써 최고의 기회를 수락하는 능력과 기회를 개발할 수 있다.

여기서 말하는 기회는 세일 중인 물건일 수도 있고, '따끈따끈한' 주식 팁이나 투자 제의일 수도 있다. 이때의 기회에는 당신이 설정한 SMART한 목표에서 당신의 집중력을 흐트러뜨리는 그 무엇이든 해당한다.

대부분의 사람은 생산적인 일의 우선순위를 정하는 데 애를 먹는다. 자신의 비전과 관계된 실행 가능한 계획을 세우는 데 실패하기 때문이다. '제1순위'인 일이 너무 많으면 번영이라는 비전을 향해 적극적으로 나아가는 대신 바쁘기만 할 우려가 있다.

우리는 이미 많은 사람에게 변화란 습관을 들여야 하는 문제고 원하는 결과를 얻기 위해서는 변화가 반드시 필요하단 사실을 배웠다. 앤서니 로빈스의 다음 명언을 들어 본 적이 있을지도 모르겠다.

"당신이 항상 해오던 일을 하면 항상 얻었던 결과를 얻을 것이다."

아니면 알베르트 아인슈타인의 놀라운 관찰력이 담긴 말을 들어 봤을지도 모른다.

"미친 짓이란 똑같은 일을 계속 반복하면서도 다른 결과를 기대하는 것이다."

결과에 의문을 제기하면서도 항상 해 오던 방식을 바탕으로 결정을 내리면 끔찍하고 실망스러운 결과가 나올 수밖에 없다. 진정한 부, 번영, 풍요를 만들어나가려면 대개 똑똑하고 전략적으로 위험을 감수하거나 그런 행동이 어느 정도 수반되어야 한다.

여기에는 다양한 금융 시장에 투자하는 것도 포함된다. 뒤뜰에 커다란 구멍을 파고 그 안에 당신이 보유한 모든 유동성 높은 자산을 집어넣는다면 그것이 똑똑하고 전략적으로 위험을 감수하는 행동은 아닐 것이다. 필자는 '모든 자산을 땅에 묻어라'라는 투자 모델에 대해서는 전혀 아는 것이 없는데 당신 역시 그래야 한다.

감정이 개입되고 자신의 상태를 통제하는 데 실패하면 논리적인 결정 대신 현명하지 못한 결정을 내리게 된다. 그러다 보니 사람들이 짧은 기간 동안만 가치가 오르는 것을 구입하는 경향이 있다. 실질적인 가치가 어떻든 그것과 사랑에 빠지고 마는 것이다.

중요한 것은 살아가는 환경이 아니라
우리가 인생을 살면서 내리는 결정이다.

THINK & GROW
WEALTHY

제 5 장

투자와
부의 창출

★ ★ ★

다른 사람들의 실수를 타산지석으로 삼아
똑같은 실수를 저지르지 않기를 바란다.
아니면 적어도 똑같은 실수를 저질렀을 때
금세 알아차릴 수 있길 바란다.
그래야 그 실수의 대가가 너무 커지기 전에
사태를 수습할 수 있을 것이다.

이번 장에서는 '전통적인' 투자 조언과 돈에 관한 지혜에 대해 알아보려고 한다. 그래야 당신이 세운 경제적인 목표를 당신의 진정한 가치와 당신이 원하는 결과와 일치시키는 것의 중요성에 대해 살펴볼 수 있다.

우리는 진정한 부를 창출하는 방식이 사람마다 다르다는 것을 알고 있다. 번영과 성취를 누리기 위해서는 원하는 결과가 환경 친화적이도록 신경 써야 한다는 사실도 배웠다. 즉, 우리의 노력이 우리의 진정한 가치와 일치하고, 우리의 요구뿐만 아니라 우리와 가장 가까운 사람들의 전인적인 요구도 충족해야 한다.

여기에는 여러 이유가 있다. 가장 중요한 이유 중 한 가지는 우리뿐만 아니라 우리가 아끼는 사람들도 확실하게 부양할 수 있도록 하기 위해서다. 우리가 살아 있는 동안, 그리고 죽고 나서도 그들이 부, 번영, 풍요로 가득한 삶을 누릴 수 있도록 하기 위해서다.

자본 시장에 투자할 때 실적을 S&P 500 지수나 러셀 2000 지수와 같은 전통적이거나 전형적인 지수에 벤치마킹하는 데 열중하기가 쉽다. 문제는 그럴 경우 실적이 예상보다 좋을 때는 신이 나고, 예상보다 나쁠 때는 실망감이 든다는 것이다.

모든 지수의 공통점은 당신에게 맞는 것이 무엇인지 전혀 알지 못한다는 것이다! 그런 지수는 당신이 위험을 견디는 정도, 당신의 투자 시계나 구체적인 목표를 고려하지 못한다. 그런데도 우리는 끊임없이 그런 벤치마크를 기준으로 삼아 우리의 결과를 측정한다.

그런 벤치마크를 살펴볼 때는 과거의 실적이 미래의 실적을 나타내는 지표가 아니라는 사실을 항상 염두에 둬라. 당신이 은퇴를 고려하기 전까지 투자 기간이 35년이라면 S&P 500 지수가 지난주나 작년에 어땠는지 신경 쓸 필요가 있을까?

자신을 다른 사람과 계속 비교하면 우리가 원하는 결과가 무엇인지 잊어버릴 우려가 있다. 그런 결과는 그 어떤 실적 측정 기준보다도 훨씬 중요하다.

당신의 투자 결과가 자동차로 국내 여행을 하는 것과 같다고 생각해보자. 당신은 여행을 떠날 때 아무런 계획도, 지도도, 내

비게이션도 없이 무작정 출발할 것인가? 그랬다가는 길을 잃고 헤맬지도 모른다.

노후 자금을 확보하기 위해 투자할 때처럼, 매달 또는 매년 고정된 지출이 있다는 것을 알 경우, 길을 잃고 계속 빙빙 돌 수는 없다. 특히 한 곳에서 다른 곳으로 정해진 시간 안에 가야 한다면 말이다.

은퇴를 하더라도 돈과 수입은 여전히 필요하다. 둘은 같은 개념이 아니다! 은퇴를 하면 돈이 바닥날지도 모른다. 그러니 살아 있는 이상, 수입은 여전히 있어야 한다.

집을 보유하고 있으면 재산세와 관련해 고정된 지출액이 있을 것이다. 밥도 먹어야 하고, 의사의 치료를 받아야 할지도 모른다. 이 모든 것을 위해서는 수입이 있어야 한다. 수입이 있어야 노후에 당신과 당신이 아끼는 사람들이 안정적인 생활을 지속할 수 있다.

하지만 걱정할 것은 없다. 제대로 된 계획을 일찍 세우면 이런 걱정거리는 어느 정도 해결할 수 있기 때문이다. 금융 전문가의 서비스를 이용하지 않는 독자라면 계산된 리스크를 바탕으로 합리적인 결정을 내리는 것이 온전히 당신의 몫이다. 당신의 능력을 한정하는 생각이 결정을 내리는 능력에 부정적인 영향을 줄 수 있다는 사실을 잊지 마라.

우선 노후 자금과 은퇴 후 예전과 같은 라이프스타일을 유지하는 능력에 대해서 알아보자. 은퇴할 나이가 다가오면 일반적으로 시장이 낮은 주가 수익률을 보일 때 당신의 포트폴리오는 더 높은 노후 자금 인출률을 보일 것이라는 사실을 아는 것이 도움이 된다. 이는 주식 시장에서 미래의 장기 수익(15년 이상)을 측정할 때 사용할 수 있는 도구다. 단기 시장 수익을 예측할 때는 효과가 별로 없다.

당신이 퇴직자라면 노후 자금 인출률을 처음 설정할 때도 도움이 될 수 있다. 노후 자금 인출률이란 퇴직자가 매년 안전하게 인출할 수 있는 금액을 말한다. 이때 물가 상승률에 맞춰 인출 금액도 서서히 커진다.

'노후 자금 인출률 4퍼센트 유지'에 관한 말을 들어본 적이 있을지 모르겠다. 이론적으로는 원금을 넘지 않고서도 4퍼센트의 인출률을 유지할 수 있다는 것이다. 이것에 대해 더 자세히 살펴보자.

1994년 10월에 발간된 〈재무 설계 학술지Journal of Financial Planning〉에는 매우 흥미로운 연구가 소개되었다. 바로 미국 재무 설계사 빌 벤전의 연구였다(그는 이 주제에 대한 연구로 다른 여러

자신을 다른 사람과 계속 비교하면
원하는 결과가 무엇인지 잊어버린다.

연구에서도 널리 회자된다). 그의 연구는 오늘날까지 의미가 있다. 그는 퇴직자가 은퇴 생활을 하는 기간은 30년으로 설정했다. 이는 62세 전후에 은퇴한 퇴직자에게 적당한 기간일 것이다. 벤전은 다음과 같은 주장을 펼쳤다.

- ◆ 주식 시장(S&P 500 지수)의 주가 수익률이 12 이하면 안전한 인출률은 5.7~10.6퍼센트 사이다.
- ◆ 주식 시장의 주가 수익률이 12~20의 범위 안에 있으면 안전한 인출률은 4.8~8.3퍼센트 사이다.
- ◆ 주식 시장의 주가 수익률이 20 이상이면 안전한 인출률은 4.4~6.1퍼센트 사이다.

그러나 벤전은 2012년에 현 경제 환경을 감안했을 때 이 법칙이 여전히 적용될 수 있는지 확실하지 않다고 언급했다.

벤전이 1994년 〈재무 설계 학술지〉에 실린 논문에서 처음으로 노후 자금 인출률을 4퍼센트로 유지하는 것을 추천했을 때, 그 수치는 1969년에 은퇴한 투자자를 위한 '최악의 시나리오'를 바탕으로 계산한 것이었다. 이는 일부 금융 전문가와 자신의 재무 설계를 직접 담당하는 사람들이 수십 년 동안 의지한 가정과 조언에 매우 중요한 요소다. 이런 가정은 균형 잡힌 포트폴리오라는 개념을 바탕으로 세워졌다. 이는 50/50 포트폴리오에서 주식 60퍼센트, 고정 수입 40퍼센트 사이에서 할당되는 경우가 대부분이었다.

벤전의 논문에 대해 제기되었던 문제는 대부분 1926년 이후의 역사적인 퇴직자들의 포트폴리오를 재구성하는 데 따른 한계에 관한 것이었다. 벤전은 안전한 인출률의 예측을 모델화하기 위해 자산군의 수익과 물가 상승률을 포착하려고 노력했다.

벤전이 갱신한 연구에서는 1969년 1월 1일에 은퇴한 퇴직자가 '가장 큰 손해를 봤다'라는 결론을 내렸다. 그의 결론에 따르면 투자 수익의 순서가 포트폴리오의 수명에 매우 중요하다. 이것이 바로 재무 설계가 그토록 중요한 주된 이유다. 돈이 바닥날 것이라는 사실을 돈이 바닥날 때 알아차리면 너무 늦는다!

지난 몇 년 동안 재무 계산기의 사용은 인터넷의 발달로 빠른 속도로 확산되었다. 그러나 이런 계산기의 아쉬운 점은 당신이 비현실적인 가정을 세우도록 강요하거나 그런 가정밖에 세우지 못하게 하는 경우가 대부분이라는 것이다. 대신 이런 계산기는 전환점을 이해하고 변화를 줄 때 유용하다. 하지만 이런 결과에 의지할 때 대단히 신중해야 한다. 이유에 대해 더 자세히 살

퍼보자.

 '성공하셨습니다. 이제 나가서 놀면 됩니다. 걱정할 것은 없으니 남은 인생을 즐기세요'라고 알려주는 마법 같은 수치는 존재하지 않는다. 노후 자금 인출 모델을 만들 때 고려해야 하는 여러 변수에 대해 생각해보면 쉽게 수긍이 갈 것이다.

 물가 상승률과 그것이 당신의 투자 수익에 미치는 영향부터 살펴보자. 당신이 자산을 통해 얻는 돈은 명목 수익률에서 물가 상승률을 뺀 금액이다. 물가 상승률은 시간이 지나면서 당신의 지출에도 영향을 미치기 때문에 방정식의 양측에서 당신에게 불리하게 작용하는 요소다.

 1969년에 1달러만 줘도 살 수 있었던 것을 2012년에는 6.47달러나 줘야 살 수 있었다는 사실을 알고 있는가?

 따라서 개인적인 물가 상승률을 밝혀낼 수 있어야 한다. 이는 당신의 라이프스타일에 따라 달라진다.

 공식적인 물가 상승률은 사실 정치적인 문제다. 저축하는 사람이나 자산을 보유한 사람들에게 세금을 물리기도 한다. 물가 상승률은 정부가 당신이 저축했다고 생각한 돈을 재분배할 때 이용하는 메커니즘이다. 따라서 미래의 물가 상승률을 예측하려고 하는 것은 정치의 미래를 예측하려고 하는 것이나 마찬가지다.

이런 이유로 첫 번째 변수, 즉 미래의 가치와 요구를 평가하려고 하는 점에 문제가 생기는 것이다. 다음 해의 물가 상승률을 예측하는 데 커리어를 통째로 바치는 박사들도 있는데 인터넷에 돌아다니는 재무 계산기로 25년에서 40년이나 먼 미래의 물가 상승률을 어떻게 예측할 수 있겠는가?

가정이 2퍼센트 포인트만 틀리더라도(그러기는 대단히 쉽다) 필요한 노후 자산의 두 배나 되는 금액을 준비해야 하거나 절반만 준비해야 된다고 생각할지도 모른다.

자동차로 국내 여행을 한다고 해보자. 국토의 동쪽 끝에서 서쪽 끝까지 운전을 하면서 정확히 몇 시 몇 분에 도착할지 예측하려고 한다고 생각해보자. 그럴 경우 자동차로 이동하면서 추가적인 데이터와 장치가 필요할 것이다. 연료계, 지도, GPS 등을 보유해야 당신이 올바른 방향으로 향하고 있는지 알 수 있을 것이다.

다음에는 투자 수익에 대해 알아봐야 한다. 많은 사람이 대체로 '평균적인' 시장 수익에 의존한다. 그 수치는 대개 지난 70년간의 시장 데이터를 바탕으로 미래의 성장률을 계산한 것이다. 이런 가정에 의지하는 데는 적어도 세 가지 문제가 있다.

첫 번째 문제는 우리가 시장 주기의 중간 지점에 있다고 가정

성공과 행복한 삶을 위한 작고 수상한 책

하고 전반부와 똑같은 평균 수익을 후반부에도 예상하는 것이다. 실제로는 시장이 과대평가되어 그런 수익률을 유지하지 못할지도 모르는데 말이다. 두 번째 문제는 시장 변동성과 수익의 순서(장기간에 걸친 수익의 규모)를 설명하지 못하는 것이다. 세 번째 문제는 실적에 대한 기대를 측정하는 데 사용하는 지수다.

가치 평가는 당신의 10~15년간 기대 수익에 통계적으로 의미가 있다. 그 기간은 노후 계획뿐만 아니라 어떤 수준에서든 의미 있는 부를 창출하고 유지하는 당신의 능력과도 큰 관계가 있다.

따라서 가치 평가를 살펴볼 때 당신이 시장 주기의 어디쯤에 있는지 알아보려고 노력해야 한다. 시장은 장기간에 걸쳐 과대평가되었다가 저평가되었다가 다시 과대평가되는 경향이 있기 때문이다. 이런 계산은 당신이 보유한 포트폴리오의 수학적인 기대치에 영향을 미친다.

시장 주기만으로는 시장 변동성을 설명할 수 없다. 이는 당신이 보유한 포트폴리오의 가치 평가에 큰 영향을 미칠 수 있다. 특히 당신이 포트폴리오에서 생활비를 이미 빼서 쓰기 시작했다면 말이다. 포트폴리오에 넣어둔 돈을 쓰면서 당신은 장기 노후 자금의 현금 유동성을 예측하려 할 것이다. 이는 그 '평균 수익'을 올리는 능력에 극적으로 영향을 끼치게 된다.

위험 관리는 은퇴 이후 포트폴리오 관리의 핵심적인 요소다. 당신이 2000년에 은퇴한 퇴직자라고 생각해보자. 당신은 시장이 약 50퍼센트 위축되는 것을 겪었고, 장기적인 지출을 위해 4퍼센트의 노후 자금 인출률에 기대를 걸고 있다. 그럴 경우 시장의 변동성을 고려하지 않더라도 당신은 이미 자산의 60~70퍼센트를 지출만으로 소진했다. 당신이 은퇴 후 파산할 확률은 첫 10~15년간의 수익률 순서와 밀접한 관계가 있다.

당신의 포트폴리오가 은퇴 이후의 생활을 책임져줄 수 있는지 예측할 때 반드시 필요한 또 한 가지 정보는 당신의 기대 수명이다. 그것도 한번 예측해보겠는가? 당신이 설령 자신 있게 예측하더라도 95번째 생일에서 파산할 수도 있고, 75세에 죽게 되어 포트폴리오를 제대로 이용해보지도 못할 수도 있다.

의학의 발달로 당신이 현재 제법 건강하다면 100세 넘어서까지 살 수 있을지도 모른다. 단일 수명을 예측할 수 있는 통계는 없으며, 누가 자신이 죽을 날을 예측하면서 '평균'에 속하고 싶겠는가?

만일 당신이 끔찍하게 여기는 직장에서 10년 더 일하게 된다면 어떻게 하는가? 정말 하기 싫었던 일을 하느라 10년을 보낸만큼 그 기간은 손해를 본 것이나 다름없는가? 우리가 인생에서 하는 모든 일은 선택의 문제라는 사실을 기억해라. 보상과 상관없이 당신을 비참하게 만드는 직장에 남아 있는 것 또한 당신의 선택이다.

노후 계획을 세우는 것은 결코 쉽지 않다. 유연성뿐만 아니라 인생의 선택과 경제적인 현실에 적응하는 능력도 있어야 한다.

간단한 온라인 계산기를 사용하고 싶다면 입력 데이터의 영향에 대해 신중하게 계산해야 한다는 사실을 기억해라. 그리고 데이터를 높게, 또 낮게 조정해 데이터가 장기적인 전망에 어떤 영향을 미치는지 살펴봐라.

당신이 통제할 수 있는 유일한 입력 데이터는 당신의 라이프 스타일에 따른 선택이다. 당신의 근무 기간에 대한 통제력은 제한적일 수 있으며, 자영업을 하는 경우 특히 그렇다. 하지만 저축률과 지출률은 당신의 통제 아래 영향을 가장 쉽게 받는 항목이다.

보다시피 노후 계획을 세울 때 고려해야 하는 변수는 많다. 은퇴하고 나서도 마찬가지다. 그 과정은 준비해두고 나서 잊어버릴 수 있는 것이 아니라 끊임없이 들여다봐야 하는 것이다. 인생에 변화를 불러올 만큼 큰 사건이 벌어질 경우 더욱 그래야 한다.

포트폴리오를 직접 관리하는 독자라면, 투자를 잘하기는 어

투자를 하면서 곤경에 처하지 않으려면
당신의 상태와 감정을 통제할 줄 알아야 한다.

렵지만 투자를 잘하기 위해서 반드시 천재적인 두뇌가 필요한 것은 아니라는 사실을 알고 있을 것이다.

하지만 성취, 풍요, 부, 번영으로 가득한 삶을 살기 위해서는 어느 정도의 투자 지식이 필요하다. 따라서 자신과 소통하는 능력이 당신의 비전과 목표를 성취하기 위한 여정에 중요하다는 사실에 대해 곰곰이 생각해봐야 한다.

그리고 다음의 문장을 정독하길 바란다.

당신의 투자는 당신에 대해 신경 쓰지 않는다. 당신을 알지도 못하고 사랑하지도 않는다.

당신이 무엇을 지불했는지, 투자가 어떤 식으로 이루어졌는지에 대한 기억도 없으며, 결국 어떤 결말을 맞이할 것인지 관심도 없다.

특정한 증권이나 투자 대상과 '사랑에 빠지는' 경향이 있는 사람들은 추세, 기본적인 경제 지표 또는 시장이 추락하고 회복하는 동안 좋아하는 증권을 더 많이 사들일 수도 있다. 그러다 보면 잠재적인 수익을 다 빼앗기고 결국 증권의 가치가 진입 가격보다 (한참이나) 낮은 수준까지 떨어지고 만다.

어쩌면 이런 생각이 들지도 모른다. '다시 살아날 걸 알고 있어. 이미 느껴진단 말이야. 예전에 워낙 잘 되었잖아. 지금 더 많

이 사 두면 나중에 살아날 때 수익을 그만큼 많이 올릴 수 있겠지.'

당신이 1천 달러어치의 투자 상품을 보유하고 있는데 그것의 가치가 50퍼센트 떨어졌다고 생각해보자. 그러면 당신은 500달러를 잃었고 당신이 보유하고 있는 상품의 가치는 500달러일 것이다. 그런데 그때 이런 생각이 들지도 모른다. '가치가 떨어지기 전으로 돌아가려면 수익을 50퍼센트 올려야겠군.' 하지만 이는 사실이 아니다!

당신이 투자한 상품의 가치가 다시 50퍼센트 상승하면 그것의 가치는 이전의 1천 달러가 아닌 750달러다. 처음 투자를 시작했던 때로 돌아가려면 수익을 50퍼센트가 아닌 100퍼센트 올려야 한다.

당신이 투자할 때 이런 식으로 생각하는 경향이 있다면 자신의 능력을 한정하는 생각 탓에 적합하지 않은 결과를 얻고 말 것이다. 이는 장기적으로 봤을 때 나쁜 결과를 불러올 수밖에 없다.

물론 당신이 투자한 상품의 사정이 나아져 가치가 더 오르는 경우도 있다. 그런 일이 일어나면 기분이 대단히 좋을 것이다. 하지만 기본적인 경제 지표나 기술적인 지표를 평가할 때 무엇을 살펴봐야 하는지 모른다면 사실상 희망, 꿈, 감정에 당신의 투자 미래와 결과를 거는 꼴이다. 그런 희망, 꿈, 감정은 당신의 능력을 한정하는 생각에 따라 무의식적으로 통제되고 있다.

투자 대상과 언제 '결별'할지 결정하는 것도 중요하지만 이 '배은망덕하고 무정한' 투자 대상 때문에 당신의 경제적인 미래가 위험에 처하지 않도록 하는 것도 중요하다.

투자는 인생의 다른 여러 가지와 비슷한 면이 있다. 당신이 통제할 수 있는 것은 통제해야 한다. 증권이나 거래의 가격이 보이는 움직임은 통제할 수 없다. 하지만 당신의 감정 상태, 진입 가격, 판매가, 포지션의 규모는 통제할 수 있다.

'오마하의 현인'이라고 불리는 워런 버핏은 이런 말을 한 적이 있다. "투자의 성공이 아이큐와 상관관계가 있는 것은 아니다. 아이큐는 25만 넘으면 된다. 평범한 지능이 있다면 그다음으로 필요한 것은 다른 사람들을 곤경에 빠뜨리는 충동을 조절할 줄 아는 기질이다."

이것은 다음처럼 말하는 것이나 마찬가지다.

"투자를 하면서 곤경에 처하지 않으려면 당신의 상태와 감정을 통제할 줄 알아야 한다."

대부분의 사람은 투자를 하기로 결정한 이유에 대해 곰곰이 생각해보지 않는다. 사람들이 투자를 하는 이유는 그야말로 천차만별이다. 친구에게서 따끈따끈한 주식 팁을 받았거나 라디오나 TV에서 전문가가 하는 말을 들었을지도 모른다. 아니면 지금 사서 10년 동안 보유해야 하는 주식에 대한 기사를 읽었을지도 모른다.

사실 투자를 하기로 한 결정 뒤에는 여러 동기가 있다. 그런 동기는 당신이 어떤 결정을 언제, 그리고 어떻게 내리는지에 상당한 영향을 미칠 수 있다. 이 문제에 대해 더 자세히 살펴보자.

트레이딩 심리학에는 최신 효과 또는 '최신 편향'이라는 말이 있다. 시간상으로 가장 최근에 일어난 일을 가장 생생하게 기억하는 것이다. '확증 편향'이라는 말도 있는데 이는 근거와 상관없이 특정한 상황이 사실이었으면 좋겠다고 바라는 것이다. 사람들이 '최신 편향'에 따라 부동산은 절대로 가치가 떨어지지 않고 계속 오르기만 한다고 생각한 것이 그리 오래된 일이 아니다. 하지만 우리는 부동산 시장이 결국 어떤 형국을 맞이했는지 알고 있다.

문제를 더 복잡하게 하는 것은 우리가 우리의 생각과 의견에 맞는 정보를 주로 찾아낸다는 점이다. 우리는 우리의 생각이 옳다는 확증을 얻기 위해 적극적으로 정보를 찾아 나선다.

이 개념을 가장 분명하게 보여주는 예시 중 한 가지는 부동산 구매다. 당신이 집을 사려고 알아보고 있다면 그 집이 장기적인 관점에서 탄탄한 투자 대상인 이유를 찾을 것이다.

사람들은 일반적으로 집을 사는 것의 긍정적인 면을 논할 것이다. 집은 장기적으로 가치가 오를 가능성이 큰 자산인 데다가 담보 대출 이자를 납부할 때 약간의 세금 우대 조치를 받을 수 있기 때문이다.

하지만 집을 살 때 많은 사람이 집을 사는 데 따른 총 수익이 집에 세를 들어 사는 것의 경제적인 이득을 능가하기 전에 이사를 갈 가능성이 크다는 사실을 무시한다.

그렇다고 해서 집을 구매하는 대신 임차하는 것을 항상 고민하라는 말은 아니다. 하지만 진정한 부를 창출할 때는 가능한 한 많은 변수를 밝혀내고 그것의 중요도를 알아보는 것이 중요하다. 이것이 바로 재무 설계다!

우리가 돈을 잃을 가능성과 그것이 우리의 행동에 미치는 영향도 간과할 수 없다. 우리의 뇌는 대체로 돈을 잃는 것을 통증으로 인식해 똑같이 반응한다. 우리는 통증을 피할 수 있으면 피하려고 하지만 투자의 세계에서 항상 그럴 수는 없다. 돈을 잃기보다는 얻을 확률이 큰 결정을 내리는 것도 항상 쉬운 일이 아니다.

여러 연구에서 우리는 150달러를 따거나 100달러를 잃을 확률이 똑같은 경우 50퍼센트의 추가 수익을 얻을 기회를 택하지 않는 경향이 있다는 사실을 밝혀냈다. 얻을 가능성이 있는 금액이 잃을 위험이 있는 금액의 두 배 이하일 때 사람들은 위험을 감수하지 않는 것이다.

금융 전문가들은 당신에게 여러 질문을 던져 당신의 투자 성향과 당신이 위험을 감수할 수 있는 정도를 적절하게 평가하려고 노력한다.

돈을 잃을까 봐 걱정되는 마음과 돈을 잃는 것에 따르는 아픔 때문에 대부분의 사람들이 위험을 감수하는 데 주저한다. 사람들은 수용할 수 있을 정도의 전략적인 위험조차 감수하려고 하지 않는다. 오늘날 많은 투자자가 돈을 은행에 저축하거나 MMF money market funds에 넣는다. 따라서 물가 상승률을 감안한 실제 수익은 마이너스인 상태다. 사람들이 수익을 올리는 대신 돈을 잃지 않고 그대로 돌려받는 편을 선호하는 것이다.

안타깝게도 돈을 그대로 돌려받으면 물가 상승률 때문에 돈을 맡기기 전에 살 수 있었던 물건을 더 이상 같은 값에 사지 못한다.

돈을 잃기를 끔찍하게 싫어하는 성향 때문에 투자자의 관심이 편중되는 경우도 있다. 사람들은 포트폴리오가 전반적으로 잘 되고 있더라도 손해를 보고 있는 단 하나의 투자 대상에 초점을 맞추는 경향이 있다. 많은 투자자가 수익을 올리기 위해 가치가 오르고 있는 투자 대상은 팔 의향이 있으면서도, 손해를 보고 있는 것이 있을 경우 패했다는 사실을 받아들이기 어려워한다.

돈을 잃기를 끔찍하게 싫어하는 투자자는 후회할까 봐 두려운 나머지 판단력에 지장이 생긴다. 나쁜 투자 결정과 나쁜 투자 결과를 구분하는 능력이 떨어지는 것이다. '선택적 기억'이 생기는 사람도 있다. 이는 과거를 정확하게 기억하는 대신 우리의 요구에 맞게 과거의 일부만 선택적으로 기억하는 성향이다.

선택적 기억의 또 다른 유형은 '대표성'이라고 알려져 있다. 이는 우리의 뇌가 최근의 증거나 사건에는 너무 높은 비중을 두고 더 오래된 과거에 일어난 일에는 너무 낮은 비중을 두는 정신적인 지름길이다.

많은 투자자가 자신만의 생각에 의문을 제기하지 않을 때 지나치게 자신만만해질 우려가 있다. 인간으로서 자신의 능력이 끝이 없으며 실제보다 더 뛰어나다고 착각하는 것이다. 하지만 여러 연구에 따르면 사람들이 90퍼센트 확실하다고 말했을 때도 그들이 실제로는 70퍼센트만 옳았다.

이런 자신감이 반드시 나쁜 것만은 아니다. 하지만 지나친 자신감은 투자자에게 해가 될 수 있다. 자신이 거래의 반대편에 있는 사람보다 더 많이 안다고 생각할 때 문제가 생긴다.

'자기 불구화 현상'은 지나친 자신감을 보이는 것과 반대되는 현상이다. 이 경우에는 사람들이 사실일 수도 있고 아닐 수도 있는 이유를 들어 미래의 나쁜 실적을 설명하려고 한다. 일상생활에서 아이나 당신이 이런 현상을 보일지도 모른다. 중요한 프레젠테이션을 하기 직전에 몸이 안 좋다고 말하는 것이다. 프레젠테이션을 엉망으로 하게 될 경우 적당한 이유가 생기기 때문이다. '원인'을 정당화하기 위해 '결과'를 만드는 꼴이다.

사람들은 대체로 최근의 투자 경험에 너무 높은 비중을 둔다. 장기적인 평균이나 통계적인 추세와 조화를 이루지 않는 트렌드를 예측하는 것이다. 투자자들은 시장이 올라갈 때 더 낙관적이고, 시장이 내려갈 때 더 비관적인 경향이 있다.

우리는 체계가 없는 데서 체계를 보고 성공이 우리의 독자적인 능력 덕택이라고 생각하는 경우가 많다. 자신의 능력에 지나치게 자신만만해 하기도 한다. 투자자와 투자 분석가들은 자신이 지식과 경험이 어느 정도 있는 분야에서 특히 지나친 자신감을 보이지만 감정이 결정에 관여하도록 놓아두기도 한다.

근사한 레스토랑에 저녁을 먹으러 가서 와인 리스트를 보며 어떤 와인을 마실지 고민한 적이 있을지도 모르겠다. 아마도 250달러짜리 와인은 너무 비싸서 50달러짜리 와인을 주문했을 것이다.

그런데 250달러짜리 와인은 실제로 레스토랑에 구비해 두고 있지 않은 경우가 많다는 사실을 알면 깜짝 놀랄 것이다. 실제로 갖고 있더라도 예비로 한 병만 갖고 있을 뿐이다. 그 와인이 메뉴에 있는 유일한 이유는 예상했던 것만큼 잘 팔리지 않았던 '이전의' 비싼 와인으로 당신을 이끌기 위해서다. 레스토랑은 다른 와인의 가격을 올려 당신에게서 예측 가능한 심리적인 반응을 이끌어낸 것이다.

그렇다고 해서 사기를 당했거나 속았다고 생각할 필요는 없다. 와인을 잘 마셨으면 옳은 결정을 내린 것이다. 50달러짜리 와인을 사서 잘 마셨고, 저녁도 맛있게 먹었고, 와인에 돈을 250달러씩 쓰지 않아도 되어서 기분이 좋았으면 된 것이다.

보다시피 우리는 누구나 어느 정도 예상할 수 있는 행동을 한다. 사실 이런 행동에는 여러 동기가 있다. 그런 동기는 당신이 어떤 결정을 언제, 그리고 어떻게 내리는지에 상당한 영향을 미

사람들이 90퍼센트 확실하다고 말할 때
실제로는 70퍼센트만 옳다.

친다. 돈을 잃을 가능성처럼 말이다. 안타깝게도 많은 투자자가 분기별 내역서를 살펴볼 때 '최신 편향'을 이용한다는 사실은 충분히 입증되었다. 그들은 부정적인 단기 결과를 바탕으로 투자 결정을 내리고 나서 시장이 반등하는 것을 놓친다.

모든 조건이 동일하고 신주를 발행할 능력이 있는 개방형 뮤추얼 펀드가 아닌 다른 투자 대상을 거래할 경우 유의해야 할 사항이 있다. 당신이 오를 것이라는 사실을 '알고' 산 증권은 다른 누군가가 떨어질 것이라는 사실을 '알고' 판 증권이라는 점을 잊지 마라.

"미안해요! 다시는 이런 일 없을 거예요. 제가 더 잘할게요. 약속해요! 저를 떠나지 마세요!"

이것은 당신이 친구나 연인과 나누는 대화가 아니다. 이것은 당신이 한참 전에 떠났어야 하는 줄 알면서도 혹시 가치가 오르고 더 좋아질까 봐 버리지 않고 계속 갖고 있었던 투자 대상이다.

엔론이나 월드컴을 기억하는가? 눈부신 실적을 보이다가 사라져버린 수많은 기업을 기억하는가?

'추격 역지정가'라는 개념이 친숙하지 않은 독자들을 위해 간단하게 설명하려고 한다. 추격 역지정가는 증권의 현 시장 가격과 떨어져 있는 정해진 백분율을 말한다. 이는 증권의 가격이 오르면 함께 오른다.

추격 역지정가는 오르면 절대로 처음만큼 떨어지지 않는다. 당신의 증권이 도달한 가장 높은 수준 아래에 고정된 백분율로 남는다. 설령 당신의 포지션이 가치를 잃기 시작하더라도 말이다. 추격 역지정가를 이용할 수 있는 방법은 많다. 배당금의 분배를 처리하기 위해 추격 역지정가를 조정할 수도 있다.

경제적인 부에서 만족감을 느끼고, 당신이 옳은 일을 하고 있으며 당신의 의사결정 과정이 잘 통제되고 있다는 기분을 느끼고 싶다면 명심해야 할 것이 있다. 인생의 어느 한 부분에서 통제력을 완전히 상실하면 그것이 결국 당신이 뛰어난 영역을 포함해 다른 모든 영역에도 영향을 미칠 것이다.

이것이 바로 균형이 중요한 이유다. 따라서 커리어에 관계된 부분 이외에도 인생의 모든 부분에 지속적으로 신경 써야 한다. 열심히 일하는 것도 중요하지만 가족과 시간을 보내거나 자신을 위한 시간을 마련하는 것도 그에 못지않게 중요하다. 인생의 균형이 깨지면 결국 당신이 다른 누구보다도 잘하는 일에 해가 되고 말 것이다.

많은 사람이 단기적인 관점에만 초점을 맞추느라 자신의 행동에 따른 장기적인 영향을 간과하는 것이 사실이다. 하지만 현재

뿐만 아니라 장기적인 미래에도 늘 신경을 써야 장단기 모두를 위해 최선의 결정을 내릴 수 있다. 장기적인 관점에는 신경도 안 쓰고 단기적인 관점에만 초점을 맞춘다면 잘못된 길로 들어서고 당신의 목표와 당신이 원하는 결과를 달성하는 능력을 위태롭게 할 것이다.

우리는 도전 의식을 북돋워주는 사람들을 주위에 두는 방법을 배워야 한다. 우리와 함께 잘못된 길을 걸으며 똑같은 결정을 계속 내리는 사람이 아닌 우리가 생각했던 것보다 우리가 더 나은 사람이 되게 할 수 있는 사람을 곁에 두어야 한다.

자신의 인생과 커리어를 솔직하게 검토해보면 당신의 자존심과 끊임없이 대립하는 경우가 많다는 사실을 발견할 수도 있다. 당신의 자존심이 당신이 인정하고 싶은 정도보다 당신의 포트폴리오와 전략을 더 많이 통제할지도 모른다.

너무나 많은 사람이 내적인 요소(우리의 감정, 자존심)보다 외적인 요소(브로커, 전문가, 전략)에 초점을 맞추느라 시간을 허비한다. 하지만 이제는 그런 내적인 요소들이 우리의 궁극적인 성공에 훨씬 큰 영향을 미친다는 사실을 알 것이다.

우리는 실수를 다른 사람의 탓으로 돌리는 습관도 있다. 시장, 브로커, 전문가, 프로그램 매매, 배우자, 월스트리트 등 탓할 수 있는 것은 많다. 이는 당신의 내적인 표현 체계의 결과이며, 당신의 능력을 한정하는 생각을 반영해 바람직하지 않은 결정으로 이끈다.

이런 사이클을 끊을 수도 있지만 그러기 위해서는 자기 인식이 뛰어나고 자신과 조화를 더 이루어야 한다. 또한 다른 사람들의 진정한 의도를 알아보는 능력도 갖춰야 한다. 자신과의 의사소통을 세밀하게 조정하는 방법을 배워라. 그러면 다른 사람들에게서 받는 피드백을 적절하게 평가할 수 있을 것이다.

다른 사람들의 실수를 타산지석으로 삼아 똑같은 실수를 저지르지 않기를 바란다. 아니면 적어도 똑같은 실수를 저질렀을 때 금세 알아차릴 수 있길 바란다. 그래야 그 실수의 대가가 너무 커지기 전에 사태를 수습할 수 있을 것이다.

너무나 많은 사람이
내적인 요소보다 외적인 요소에 초점을 맞추느라
많은 시간을 허비한다.

THINK & GROW
WEALTHY

제 6 장

부와 번영,
그리고 성취

★ ★ ★

모든 사람이 일반적으로 '실패'를 두려워하지만
그런 두려움을 당신에게 유리하게 이용할 수 있다.
실패가 그저 '당신'이 원하지 않았던
결과일 뿐이라고 생각하고
그런 생각을 받아들여라.

마지막 장까지 온 것을 축하한다! 이제 집에 거의 다 왔다.

진정한 부를 향한 여정에서 우리는 지금까지 행동뿐만 아니라 우리가 생각하고, 의사소통하고, 다른 사람들과 교감하는 방법에도 변화를 줘야 한다는 사실을 배웠다. 모든 사람이 우리의 비전과 목표를 공유하는 것은 아니며, 그것을 잊어버릴 경우 우리의 진정한 의도를 제대로 전달하고 성취감을 느낄 수 있는 확률이 낮아진다는 것도 배웠다.

상황을 더 악화시키는 것은 모든 사람이 다르다는 사실을 인식하고 기억하지 못하면 다른 사람들의 의도를 자주 오해하게 된다는 것이다. 이 세상의 어느 누구도 다른 사람과 세상을 나타내는 내면의 지도가 같을 수 없다는 사실을 잊지 마라.

우리는 진정한 부와 번영을 얻는 것을 목표로 삼았다. 우선 그것이 우리에게 어떤 의미가 있는지 알아봐야 한다는 것도 배웠다. 진정한 의미의 부와 번영을 정의하고 나면 그것이 우리의 가치와 일치하는지 확인해야 한다. 조금이라도 일치하지 않는 부분이 있다면 나중에 실망하거나 불만족스러울 수밖에 없다.

누구나 직장에서 또는 개인적, 사회적 환경에서 좌절감을 느낀다. 상대방에게 대답하기 전에 생각할 시간이 있을 때는 별 생각 없이 즉석에서 대답을 했을 때와는 약간 다른 대답이 나갈 것이다. 대답에 대해 미리 생각하는 것은 좋은 일이며, 그 덕택에 관계된 모든 사람이 나중에 서로에게 사과해야 할 일도 적어질 것이다.

직장에서는 당신의 감정이 당신을 어떻게 조종하는지에 당신의 성공이 달려 있을지도 모른다. 감정은 우리의 가치, 생각, 행동 패턴 등이 반영된 무의식적인 행동이지만 나중에 의식적인 행동 패턴으로 나타나기도 한다. 당신의 감정은 당신에게 유리하게 작용해야 한다.

자신을 발견하는 데 시간을 들이는 방법을 배우고 익혀라. 그렇게 연습한 자기 인식과 강한 감정이 들 때 당신이 반응하는 방법은 '감정의 필터'뿐만 아니라 다른 사람들과의 소통에도 극적인 변화를 불러올 것이다.

충분한 시간을 두고 연습하면 적절한 반응이 '저절로' 나오는 단계에 이를 것이다. 당신이 느끼는 감정의 주인이 되어 감정이 당신을 조종하는 일을 줄일 수 있을 것이다. 이 기술을 마스터하는 것만으로도 당신이 견디지 못하는 업무를, 하고 싶어 못견디는 업무로 바꿀 수 있다.

자신의 감정을 정확하게 인식하기란 쉬운 일이 아니다. 따라서 매일 시간을 들여 다음의 질문에 대답해보자.

- ◆ 당신의 호흡이 깊은가, 얕은가? 빠른가, 느린가?
- ◆ 당신이 긴장한 상태인가? 아니면 마음이 편안한가?
- ◆ 몸이 편한가? 아니면 어딘가가 불편한가? 불편하다면 어디가 불편한가?
- ◆ 당신의 정신 상태를 묘사할 수 있는가? 졸리거나 피곤한가? 아니면 정신이 초롱초롱한가?

이런 변수에 대한 질문을 던지는 연습을 자주 할수록 당신이 순간적으로 느끼는 감정을 더 정확하게 인식할 수 있을 것이다. 그러면 감정에 대한 통제력이 훨씬 커지고, 두려움, 화, 좌절감과 같은 부정적인 감정이 무의식에서 의식으로 넘어올 때 더 쉽게 알아차릴 수 있을 것이다.

성공과 행복한 삶을 위한 **작고 수상한 책**

감정의 필터는 당신이 살고 있는 세상을 정의한다. 만일 필터를 제대로 살펴보고 관리하지 않으면 여러 장애물이 당신의 현실, 즉 당신의 세상이 되고 말 것이다.

우리는 필터를 통해 주위 사람들을 보고 그들과 소통하는데, 그런 필터가 우리의 인식을 형성한다. 우리는 그런 인식을 이용해 행동 방식 또는 다른 사람과의 소통 방법을 형성하거나 소통 여부 자체를 결정한다. 우리 자신과 주위 사람들을 평가할 때 사용하기도 한다.

자신이 세상을 '모형화'하는 방법을 솔직하게 평가한 후 얻는 자기 성찰적인 힘은 상당히 클 수 있다. 예를 들어, 인생을 살면서 불평하고 자신의 행동, 결과, 수준 이하의 실적을 변명하기 위한 핑곗거리를 찾는다면 당신은 인생을 계속 그렇게 살게 될 것이다. 그것이 당신의 세상이기 때문이다. 당신에게 그런 생활은 완벽하게 정상적이다.

인생을 살면서 문제를 찾을 경우 손쉽게 찾을 수 있을 것이다. 그러다가 문제를 찾는 것이 당신의 '목표'가 되어버려 문제를 계속 찾게 될 것이다.

그러나 인생을 살면서 품질, 우수성, 개선, 탁월함, 뛰어난 것을 찾을 경우 그런 것을 발견하고 높은 삶의 질을 누릴 수 있을

당신의 필터를 바꾸면
당신의 세상을 바꿀 수 있는 능력이 생길 것이다.

것이다. 이 두 가지 목표 중에 어떤 것이 훨씬 이치에 맞는가?

당신의 필터를 바꾸면 당신의 세상을 바꿀 수 있는 능력이 생기고, 결과적으로 주위 사람들에게 긍정적인 영향을 줄 수 있다.

인생을 살면서 문제를 찾는 많은 사람들이 문제가 막다른 길과 변명으로 이어진다는 사실을 알아차리지 못한다. 무엇이 제대로 될 것인지에 초점을 맞추기보다는 무엇이 잘못될 수 있는지 찾길 좋아한다면 자멸하는 사고방식이 생길 가능성이 크다.

첫 번째 단계는 당신의 어휘에서 '문제'라는 단어를 없애는 것이다. 대신 '문제'를 '도전 과제'로 변경해라. 도전 과제는 극복할 수 있기 때문이다. 도전 과제에는 해결책이 있지만 문제는 무의식적인 장애물을 만들고 실패를 촉발한다.

모든 사람이 일반적으로 '실패'를 두려워하지만 그런 두려움을 당신에게 유리하게 이용할 수 있다. 실패가 그저 '당신'이 원하지 않았던 결과일 뿐이라고 생각하고 그런 생각을 받아들여라.

거기서 멈추지 말고 '당신'이 실패가 언제 시작되고 끝나는지 결정한다고 여겨라. 당신이 실패했다고 다른 사람들이 말하게 놓아두지 마라. 어쩌면 당신은 아직 성공에 이르는 과정을 다 끝내지 않은 것일지도 모른다. 실패란 없기 때문이다. 피드백이 담긴 결과만 있을 뿐이다.

이런 변화를 도입하고 당신 인생의 필터를 검토해라. 적극적인 태도로 변화가 필요한 부분에 변화를 줘라. 그러면 도전 과제가 사소한 일처럼 느껴질 것이고, 모든 실망스러운 일이 새로운 것을 배우는 경험이 될 것이다.

뛰어난 성과를 거두는 것에 초점을 맞춰라.

초점은 당신의 결과를 좌우한다. 많은 사람이 그저 그럭저럭 해 나가는 것, 커트라인을 넘어 통과하는 것에 초점을 맞춘다. 하지만 그럴 경우 당신이 목표에서 1퍼센트라도 부족한 실적을 올리면 어떻게 될까? 당신은 실패하고 말 것이다!

반대로 뛰어난 성과를 거두는 것에 초점을 맞추면 어떤 일이 벌어질까? 목표의 90퍼센트만 달성하더라도 여전히 'A' 등급의 범위 안에 있다. 따라서 일을 잘 해낼 것이고 만족도도 높을 것이다.

목표의 90퍼센트를 달성하면 10퍼센트가 부족하더라도 일을 잘 처리한 셈이다. 하지만 그럭저럭 해 나가려는 생각이라면 목표를 완벽하게 달성하지 못할 경우 실패를 맛보게 될 수도 있다.

뛰어난 성과를 거두는 것을 목표로 삼고 뛰어난 것이 무엇인지 알아보는 능력이 있다면, 초점을 맞출 대상이 생기고 뛰어난 모습을 보일 수 있을 것이다. 그렇다면 어떻게 해야 목표를 그렇게 세울 수 있을까?

목표를 종이에 적고 현실감을 불어넣어라. 매일 목표에 신경을 쓰면 목표가 현실이 될 것이다.

최종 목표로 향하는 여정에 놓인 작은 목표를 여러 개 설정하고, 그런 목표를 달성했을 때 마음껏 자축해라. 그러면 최종 목표에 더 집중할 수 있고 올바른 길을 걸어 제시간에 목표에 도달할 것이다.

능력을 최대한 발휘하고 안전지대에서 벗어나 목표를 달성해라. 당신이 편하게 여기는 안전지대를 벗어나기 위해서는 더 큰 집중력이 요구된다.

어떤 프로젝트나 다가올 일에 대한 기대가 정말 컸던 적이 있는가? 그런데 계획에도 없고 예상하지도 못했던 장애물이 나타나는 바람에 당신이 꿈, 목표, 비전에서 곁길로 샌 적이 있는가? 이런 경험을 해본 것은 당신만이 아니며, 많은 사람이 장애물을 만났을 때 당신과 비슷한 결정을 내린다.

장애물을 만난 대부분의 사람이 장애물을 넘어 도전 과제에 대한 해결책을 찾는 것에 방해가 되는 사고방식을 가지고 있는 경우가 너무나 많다. 장애물이 생기면 그런 도전 과제를 새로운 것을 배우는 경험으로 여기지 않고 포기해버리는 것이다. 자신이 무엇을 다르게 할 수 있을지 또는 다르게 해야 했는지는 고민해보지 않는다.

장애물이나 도전 과제는 귀중한 '피드백'이 되고, 당신에게 지식을 전해주고 결국에는 선택사항을 안겨줄 배움의 기회가 될 수 있다. 당신이 그런 지식을 어떻게 사용하는지에 따라 인생에서 맞닥뜨리는 여러 도전을 마스터할 것인지 그런 도전을 피해 갈 것인지가 결정된다.

인생의 약자를 찾기란 어려운 일이 아니다. 이때의 약자란 다른 사람들의 바람, 생각, 지시 때문에 자신의 인생을 포기하고 항복한 사람을 뜻한다.

당신의 생각대로 인생을 사는 방법을 배워야 한다!

당신이 맞다고 생각하는 것이 당신에게 맞다. 그리고 이따금씩 넘어지더라도 걱정할 필요는 없다. 실패를 배움의 기회로 여겨라. 당신이 아이였을 때 모든 것을 포기했다면 걷거나 말하는 방법을 배우지 못했을 것이라는 사실을 기억해라. 만일 그랬더라면 당신이 오늘날의 모습처럼 멋지고, 너그럽고, 감사할 줄 아는 사람이 되지 못했을 것이다.

당신이 그런 사람인 줄 필자가 어떻게 아는지 궁금한가? 당신이 이 책을 찾아서 시간을 들여 읽고 있기 때문이다. 이제 배움과 선택에 관한 우리의 메시지를 당신이 널리 알릴 차례다.

이 이야기를 당신이 아끼는 특별한 사람에게 들려주어라. 그 사람과 함께 인생의 도전 과제들을 논해라. 해결책을 찾고 장애물을 돌아가는 방법을 연구하는 데 두려움을 느끼지 마라.

진정한 부와 번영을 위한 마지막 핵심 요소는 남을 돕고자 하는 마음이다. 우리의 시간이든 재능이든 돈이든 약자를 위해 무엇인가를 기부하는 일은 우리가 가진 것에 진정으로 감사하는 마음이 들게 한다.

이는 즉각적인 신체적 화학 작용을 일으켜 우리에게 기쁨과 성취감을 안겨준다. 안전지대에서 벗어나는 것을 두려워하지 마라. 그리고 당신보다 가진 것이 적은 사람을 돕는 일도 게을리하지 마라. 그들이 스스로 도울 수 있도록 돕고, 당신이 얻은 교훈을 전수해주길 바란다.

어떤 개인, 가족, 조직이 당신이 준 희망을 품고 자신의 운명을 개척하는 모습을 볼 수 있다면 얼마나 멋질까?

이 책에서 얻은 교훈을 명심해라. 그리고 당신이 아끼는 사람들이 당신을 챙기지 않아도 되도록 자신에게 시간과 노력을 투자해라.

제임스 박사는 필자에게 이런 말을 했다.

"당신이 할 수 있다고 생각하든 할 수 없다고 생각하든 당신이 옳습니다."

당신은 이미 모든 자원을 갖추고 있다. 그저 번영과 풍요로 향하는 놀라운 여정에서 경탄하는 마음으로 부를 위한 사고와 성장을 하면 된다.